Post

2010
2012

gli anni delle
opportunità

La mafia è un fenomeno umano e come tutti i fenomeni umani ha un principio, una sua evoluzione e avrà quindi anche una fine.

Giovanni Falcone

Educare vuol dire sviluppare la coscienza, cioè il sentimento di sé come responsabilità verso qualcosa di più grande di sé.

Luigi Giussani

Prima edizione: Novembre 2012

NOTA DELL'AUTORE

Cos'è un post?

Leggiamo su *Wikipedia*, l'enciclopedia libera: "Un post è un messaggio testuale, con funzione di opinione o commento, inviato in uno spazio comune su Internet per essere pubblicato.

Tali spazi possono essere newsgroup, forum, blog, guestbook, shoutbox e qualunque altro tipo di strumento telematico (con esclusione delle chat e dei sistemi di messaggistica istantanea) che consenta a un utente generico di Internet di lasciare un proprio messaggio pubblico.

L'azione del lasciare (o affiggere) un messaggio in italiano spesso è espressa con il neologismo postare, ma molti usano più semplicemente il termine "pubblicare", che rende ugualmente l'idea e appare più conforme alla lingua italiana.

L'etimologia della parola deriva dall'inglese "to post" ovvero spedire, inviare. Nel caso specifico si "invia" il messaggio al server dello spazio comune dove vogliamo sia pubblicato, il quale a seconda di come è stato programmato inoltra la richiesta all'amministratore dello spazio web o lo pubblica direttamente (nel caso di forum e blog)".

Post 2010 – 2012 è una raccolta dei post che ho scritto e pubblicato in rete in questi ultimi tre anni, anni di grandi opportunità, a pensarci bene. Li ripropongo perché mi sono accorto che rileggerli di seguito, in ordine cronologico, rendono l'idea della straordinarietà del tempo che abbiamo vissuto e che forse abbiamo già dimenticato per colpa della frenesia della vita di tutti i giorni. Questione di memoria, se volete.

Troverete post di commento all'attualità politica, agli avvenimenti culturali, a fatti di cronaca, ma anche post - recensioni a saggi e romanzi letti, riletti e meditati.

All'inizio dell'opera ho voluto ricordare, attraverso un loro pensiero, due grandi personaggi che mi hanno fatto compagnia, in modo diverso, sino ad oggi: Giovanni Falcone e Luigi Giussani.

Quest'anno sono trascorsi venti anni dalla morte di Giovanni Falcone e credo che i giovani che non hanno ancora vent'anni debbano conoscere la figura di quest'uomo, magistrato che, come molti altri, non si è tirato indietro di fronte alla ricerca della verità, arrivando ad essere ucciso per essa. Egli si contrapponeva alla cultura mafiosa con i mezzi messi a disposizione dallo Stato di cui era espressione, ma per cambiare la mentalità mafiosa occorre anche proporre un pensiero diverso, educare le giovani generazioni mostrando loro strade nuove, alternative alla cultura mafiosa ma altrettanto accattivanti, anzi maggiormente accattivanti. Personalmente i più grandi "educatori" che ho incontrato nella mia vita sono stati Luigi Giussani e la sua compagnia di amici che continua tuttora. Ecco quindi la riproposta, nell'ultimo post, di un'opera di Luigi Giussani, *Il rischio educativo*, che ritengo utile e importante rileggere in questo tempo di crisi soprattutto morale, prima ancora che economica.

Infine, prima di lasciarvi alla lettura, permettete un ringraziamento a mia moglie Paola, prima lettrice di ogni post e preziosa consigliere.

Bollate, 10 novembre 2012

Post del 16.11.2010

Bianca come il latte, rossa come il sangue

E' un romanzo ambientato ai nostri giorni che si legge tutto d'un fiato e ci riporta per osmosi ai nostri sedici anni, anche se da allora ne sono passati quasi trenta.

Ci ritroviamo nel mondo "bianco come il latte e rosso come il sangue" dell'adolescenza e ci ritorna in mente cosa significava deludere un amico, mendicare uno sguardo dall'amata, trascorrere un'intera mattina in classe prigioniero di un banco ormai piccolo, con la mente vagante nel tempo e nello spazio.

E' una storia dove i sogni dell'adolescenza, i nostri sogni, tornano a bussare alla porta e quando la apriamo siamo costretti a fissarli negli occhi.

Come racconta il Sognatore: "I sogni veri si costruiscono con gli ostacoli. Altrimenti non si trasformano in progetti, ma restano sogni. La differenza fra un sogno e un progetto è proprio questa: le bastonate, come nella storia di mio nonno. I sogni non sono già, si rivelano a poco a poco, magari in modo diverso da come li avevamo sognati…"

L'amicizia di Leo per Silvia, reale, e l'amore di Leo per Beatrice, immaginario (to) , rappresentano il filo rosso della nostra adolescenza: solo quando Leo fa i conti con se stesso, con la consistenza del suo "io" (d'estate in montagna, da solo a guardare le stelle) riesce a perdonare Silvia e a riconoscere la vera natura del loro rapporto.

Quello che rimane, anche nelle circostanze in apparenza più negative, radicali (come la morte) è la via d'uscita che ci offre la realtà, una via inaspettata, ma che alla fine si scopre adeguata al nostro desiderio di infinito, di felicità, di Dio…

Stilisticamente, qualche eccesso descrittivo in alcuni punti della narrazione.

Da non perdere, visti i tempi che stiamo vivendo noi e i nostri figli.

Alessandro d'Avenia , *Bianca come il latte, rossa come il sangue*, Mondadori
Editore

Post del 17.11.2010

Riflessione serale in compagnia di Leonard Cohen

Lorenzo Mullon un giorno mi ha scritto, commentando una mia poesia:

> "Quando i canali non sono più navigabili
>
> bisogna iniziare a scavare nel vento"

penso che Lorenzo abbia ragione...sino ad ora ho scavato nella terra, come tutti...

è giunto il momento di alzare lo sguardo verso il cielo e osservare dove si dirigono le nuvole...

- 'notte Leonard

Oscar e la dama in rosa

Una preghiera a Dio scritta da un ragazzino di dieci anni negli ultimi dieci giorni di vita.

Grazie alla misteriosa presenza della Dama in rosa, la Madre spirituale che intercede per lui nei confronti della Vita, Oscar vede compiersi il proprio tempo, nonostante la malattia, attraverso la malattia, in dieci giorni.

Oscar, tenuto per mano dalla Dama in rosa, attraversa il mondo dei sentimenti, delle esperienze, della vita, da una camera di ospedale (un giorno uguale a dieci anni) in compagnia dei suoi amici malati, dei suoi genitori disarmati, del medico scienziato che non sa accettare di aver fallito la cura e tutto alla fine trova la giusta collocazione sul palcoscenico dell'esistenza.

Oscar si rivolge a noi genitori, che copriamo di regali i nostri figli anziché donare loro cinque minuti del nostro tempo. Dice Oscar: "Quando mi sono svegliato, ho visto che, naturalmente, mi avevano portato dei regali. Da quando sono ricoverato in permanenza all'ospedale, i miei genitori hanno qualche difficoltà con la conversazione; allora mi portano dei regali e trascorrono dei pomeriggi schifosi a leggere le regole del gioco e le istruzioni per l'uso. Mio padre si accanisce nello studio dei foglietti illustrativi: anche quando sono in turco o in giapponese, non si scoraggia. E' campione del mondo del pomeriggio domenicale sciupato."

Oscar si rivolge a Dio, che all'inizio della storia non conosce (i suoi genitori credono a Babbo Natale) e in dieci giorni arriva a scriverGli: "Grazie, Dio, di aver fatto questo per me. Avevo l'impressione che mi prendessi per mano e che mi conducessi nel cuore del mistero a contemplarlo. Grazie. A domani, baci, Oscar".

Schmitt in fondo scrive all'uomo di oggi, sia esso sano o malato (ma non siamo tutti malati d'infinito?), medico o paziente (ma non siamo tutti bisognosi d'amore?), genitore o figlio (ma non siamo stati tutti figli una volta?) e a quest'uomo vecchio di duemila anni che sembra aver smarrito la propria identità sussurra con la voce di un ragazzino di dieci anni: "Ho cercato di spiegare ai miei genitori che la vita è uno strano regalo. All'inizio lo si sopravvaluta, questo regalo: si crede di aver ricevuto la vita eterna. Dopo lo si sottovaluta, lo si trova scadente, troppo corto, si sarebbe quasi pronti a gettarlo. Infine ci si rende conto che non era un regalo, ma solo un prestito. Allora si cerca di meritarlo. Io che ho cent'anni, so di che cosa parlo."

E noi lo sappiamo?

Un romanzo da tenere sul comodino per tutta la vita.

Eric-Emmanuel Schmitt , *Oscar e la dama in rosa*, Edizioni BUR

Post del 12.01.2011

L' affaire Marchionne

Non so voi amici, ma ho la sensazione che in queste ore, in questi giorni in Italia stiamo assistendo ad avvenimenti che muteranno drasticamente il mondo del "lavoro" e il modo come sino ad ora l'abbiamo concepito e vissuto.

E tuttavia non tutto mi è chiaro, è come se della scena del crimine mi sfuggisse un particolare importante, decisivo per la scoperta dell'assassino.

Secondo voi ha ragione Marchionne o Mario Rossi?

Post del 25.01.2011

...e se invitassimo un leader straniero?

Da qualche tempo ormai guardo sconsolato al panorama che offre il nostro Bel Paese in tema di leadership politica. Ovunque diriga lo sguardo, a destra, al centro o a sinistra, non vedo uomini o donne con una personalità tale da prendere in mano le redini della nostra Nazione e di condurla fuori dalla crisi, crisi che mi sembra prima di tutto morale che economica.

Quello che più mi dispiace è che in questi ultimi venti anni chi ci ha governato, a tutti i livelli, non solo le massime istituzioni, non ha saputo - voluto far crescere una nuova classe politica di giovani di cui oggi sentiamo tremendamente la mancanza e di cui avremmo tanto bisogno.

Allora ho una proposta, quando una squadra di calcio non trova in casa un buon allenatore cosa fa? Lo ingaggia all'estero!

E se invitassimo un leader straniero a venire a vivere in Italia per cinque anni e a governarci con il compito anche di porre le basi per una nuova classe politica, azzerando gli ormai insanabili contrasti interni tra destra, centro e sinistra?

In fondo i Savoia erano anche un po' francesi...

Post del 20.02.2011

Generazione Facebook

Qualche settimana fa una mamma mia amica mi raccontava della figlia quattordicenne che si è profilata su Facebook a sua insaputa (ma poi glielo ha confessato) e di come fosse rimasta "spiazzata" perché non se lo aspettava e la figlia le ha risposto: ma mamma, su Facebook ci sono tutti i miei compagni, se non creavo il mio profilo, rimanevo esclusa dal giro...

Situazioni del genere credo siano capitate a tutti noi genitori di figli adolescenti (e forse anche di peggio).

Dal "vecchio" mondo della carta stampata mi è venuto in aiuto il "manuale" del Prof. Giuseppe Pelosi : *Aiuto! Ho un cyberfiglio!*; più che un manuale, la testimonianza di un professore - genitore che ha visto nascere e crescere la web generation e che cerca ogni giorno di comprenderla per poter continuare a svolgere il proprio compito educativo , cioè far emergere il buono che è sempre presente nei nostri ragazzi anche attraverso l'utilizzo dei nuovi strumenti di comunicazione.

Nel libro troviamo il significato di parole come website, blog, social network, podcasting e così via. Ma soprattutto troviamo analizzata, spiegata, studiata e raccontata la rete, internet, quella "selva oscura" in cui i nostri ragazzi possono incamminarsi inconsapevolmente e perdersi, ma che ci ha cambiato la vita senza possibilità di tornare indietro. Il Prof. Pelosi offre interessanti spunti di riflessione sul tema anche grazie al racconto di alcune "situazioni" immaginarie che potrebbero realmente verificarsi nelle nostre famiglie. Il pensiero che prevale tra le pagine della guida è sicuramente a favore dell'utilizzo di questi nuovi strumenti messi a disposizione dalla tecnologia, ma a noi genitori - educatori rimangono due compiti: primo, conoscere questi nuovi strumenti (perché i nostri figli li conoscono dalla nascita e noi no) e secondo, saper cogliere quei segnali di "dipendenza" da computer, internet, chat e altro che sono segno di un "malessere" interiore dei nostri figli la cui causa va però, secondo Pelosi, cercata altrove ... non tutto è colpa di internet e del computer!

Alla fine del libro ci si ritrova sicuramente più preparati ad affrontare i nostri figli che sino ad ora hanno sempre giocato "in casa" l'Internet Champions League (magari sulla PS3) e più consapevoli di quello che le nuove tecnologie possono offrire anche a noi (classe 1966 tanto per intenderci), generazione 0.0 dell'era informatica (io per esempio ho deciso di creare il mio profilo su Facebook...)

Per chi volesse saperne di più: Giuseppe Pelosi, *Aiuto! Ho un cyberfiglio!*, Edizioni Ancora

Post del 17.03.2011

In questi giorni in cui si celebrano i cento cinquant'anni dell'Unità d'Italia, ho terminato di leggere il volume di Pino Aprile, *Terroni,* ed. Piemme. Ora, le cose che ho letto francamente mi hanno da un lato indignato e dall'altro stupito. Indignato per come i soldati piemontesi, i liberatori dell'Italia meridionale prima e poi i soldati del Regno d'Italia, abbiano trattato la popolazione meridionale che aveva accolto con favore e grandi attese i "nordisti". Indignato per come il nascente Stato Unitario abbia poi "gestito" il Sud Italia dal punto di vista della politica industriale ed economica in generale. Stupito per come in quarantacinque anni di vita, sino ad ora non abbia mai letto nulla, né sui libri di scuola, né su giornali o riviste di storia, riguardo a questi fatti narrati nel libro di Pino Aprile e supportati da riferimenti storici, con nomi e cognomi di persone e libri e documenti a cui far riferimento.

E' noto che la storia la scrivono i vincitori, tuttavia in questo caso credo che a perdere sia l'Italia intera, il popolo italiano che è stato privato della conoscenza di un pezzo della sua storia, forse proprio di quella più importante, quella delle sue origini.

Mi rendo conto che parliamo di centocinquanta anni fa e che le cose descritte da Pino Aprile gettano in cattiva luce alcuni "fondatori" del Regno ma forse, confrontandoci oggi con la realtà storica di quello che sono stati i primi decenni del Regno d'Italia vissuti dagli italiani nel Sud del Paese, possiamo finalmente affrontare la "Questione Meridionale" con una nuova ottica e cercare di risolverla una volta per tutte.

Per chi volesse approfondire questo pezzo di storia patria: Pino Aprile, *Terroni* - Edizioni PIEMME.

La settimana scorsa ho terminato di seguire il corso di scrittura creativa tenuto a Milano dalla Professoressa Marilisa Dulbecco. Le lezioni, venti in totale, avevano come argomento il racconto, le prime dieci, e il romanzo, le altre.

Le lezioni in aula, che hanno un valore aggiunto impagabile dato dal rapporto che si crea con il docente, erano supportate a casa dal manuale *Scrivere? Scrivere! – Percorsi di scrittura creativa*, autrice la Dulbecco.

Ne parlo volentieri e lo consiglio a chi desidera approcciarsi alla scrittura creativa perché è un manuale che in centosettantacinque pagine riassume in maniera chiara e semplice i molteplici aspetti e i diversi elementi costitutivi che sono presenti in un racconto e in un romanzo; non mancano consigli e suggerimenti frutto dell'esperienza della docente che da oltre dieci anni abbina il laboratorio serale di scrittura creativa all'insegnamento in scuole superiori milanesi.

Ogni capitolo termina con i "famosi" esercizi di scrittura che aiutano a focalizzare la pagina da scrivere sull'argomento trattato.

Alla fine del corso, e del libro, tutti noi partecipanti non siamo diventati sicuramente degli scrittori, ma almeno ci siamo chiariti le idee, anzi la domanda che tutti noi avevamo in cuore: perché scrivere?

Illuminante a tal proposito la frase di Rilke, tratta da Lettere a un giovane poeta, che la Dulbecco cita nell'introduzione e che è la risposta che chiude il cerchio a tutte le domande sulla scrittura:

"... Guardi dentro di sé. Si interroghi sul motivo che le intima di scrivere; verifichi se esso protenda le radici nel punto più profondo del suo cuore; confessi a se stesso: morirebbe, se le fosse negato di scrivere? (...) Frughi dentro di sé alla ricerca di una profonda risposta. E se sarà di assenso, se lei potrà affrontare con un forte e semplice – Io devo – questa grave domanda, allora costruisca la sua vita secondo questa necessità."

Credo che si possa iniziare a costruire la propria vita a qualsiasi età.

Per chi volesse iniziare un percorso (o continuarlo - approfondirlo): Marilisa Dulbecco, *Scrivere? Scrivere! – Percorsi di scrittura creativa –* , Edizioni Unicopli – Milano

Un nuovo eroe: Vango

Segnalatomi da un amico, ho letto in queste giornate di festa il nuovo romanzo di Timothée de Fombelle, *Vango*.

De Fombelle è conosciuto in Italia per il romanzo *Tobia*, un millimetro e mezzo di coraggio che lo ha reso famoso al grande pubblico.

Con questo nuovo romanzo "per ragazzi", l'autore ci propone un personaggio, Vango appunto, dal passato misterioso e dal presente invischiato in mille situazioni, mille pericoli, mille colpi di scena.

La narrazione è ambientata negli anni tra la fine della prima e l'inizio della seconda Guerra Mondiale e si passa con disinvolta semplicità dalle isole Eolie a Parigi, da Londra ad una dacia della campagna russa e il lettore quasi non si accorge delle migliaia di chilometri che la penna di de Fombelle gli fa percorrere, pagina dopo pagina, con il solo aiuto della fantasia.

Vango in questo peregrinare per mezzo mondo è un ragazzo solo e il mistero della sua nascita non lo abbandonerà mai fino alla fine. Tuttavia diversi sono gli incontri che Vango compie, alcuni con persone che lo sostengono e lo aiutano, altri invece da cui deve fuggire.

La storia è ricca di colpi di scena e il finale giunge inaspettato, non previsto né sperato dal lettore.

Chi è allora Vango? Vango non era un orfano come gli altri. Era l'erede di un mondo inghiottito.

Un romanzo scritto bene, che vola alto, leggero come una piuma e che tiene compagnia piacevolmente sia ad un adolescente che ad un ragazzo di quasi mezzo secolo…

Per chi volesse approfondire la lettura: Timothée de Fombelle, *Vango*, Edizioni San Paolo, 2011

http://www.leavventuredivango.it/

Post del 03.06.2011

Nucleare Si, nucleare No.

Premetto che ritengo giusto che il popolo italiano esprima il proprio parere in merito al futuro energetico dell'Italia. E' un tema troppo importante per delegarlo esclusivamente al Parlamento e al Governo e soprattutto credo che gli italiani ormai abbiano un grado di istruzione tale che permetta loro di esprimere un giudizio informato. Anzi il Parlamento e il Governo, nel programmare la politica energetica dei prossimi anni, se vorranno avere la fiducia degli italiani, dovranno tenere conto e sviluppare le indicazioni che emergeranno da questo Referendum.

Il nocciolo della questione è il "giudizio informato" che gli italiani devono esprimere il 12 e 13 giugno, perché è fuori di dubbio che, sull'onda emotiva dell'incidente di Fukushima, l'opinione pubblica in questo momento è fortemente condizionata verso il No al nucleare. Per chi ha seguito la puntata di Anno Zero di ieri, 2 giugno, questo tema è apparso evidentemente riassunto nel video presentato da Adriano Celentano. Tuttavia la trasmissione ha correttamente cercato di controbilanciare l'emotività che sostiene il No con un'analisi scientifica dei pro e dei contro al nucleare, senza demonizzarlo né difenderlo a priori. Alla fine sono emersi tre quesiti importanti a cui dobbiamo fornire una risposta.

Il primo: per soddisfare il nostro fabbisogno energetico giornaliero, al momento, abbiamo a disposizione le seguenti fonti: fossile, idroelettrico, nucleare, gas, rinnovabili. Ciascuna di queste fonti ha i propri costi di produzione e inquina il pianeta in senso lato (anche le fonti rinnovabili inquinano nel senso che "mangiano" territorio, deturpano il paesaggio e per produrre i pannelli fotovoltaici si originano materiali di scarto inquinanti) . Per quanto riguarda il fossile, l'Organizzazione Mondiale della Sanità calcola in due milioni l'anno le morti al mondo causate dall'inquinamento atmosferico, ottomila in Italia.

Il secondo: a questo punto i sostenitori del nucleare pongono l'indice sul fatto che produrre energia nucleare è molto meno costoso che produrre energia con le altre fonti e questo argomento è corretto da un punto di vista economico. Inoltre fanno notare che l'Italia è circondata da centrali nucleari (in Francia, Svizzera, Croazia) e un incidente in una di queste centrali avrebbe ripercussioni anche sul nostro territorio: tanto vale quindi utilizzare anche da noi questo tipo di centrali. Obiezione: è vero che produrre energia nucleare costa meno che produrre con il fossile, per esempio, ma in caso di incidente nucleare serio (come Fukushima o Chernobyl) i costi che si dovrebbero sostenere per rimediare al disastro sarebbero incalcolabili tenendo conto che l'area circostante la centrale in un raggio di quaranta - cinquanta chilometri sarebbe di fatto inutilizzabile per sempre. Quindi in caso di incidente serio ad una centrale, la comunità sarebbe costretta a sostenere costi economici elevatissimi e da un punto di vista statistico, l'incidente nucleare non si può escludere a priori. Il fatto poi di avere o non avere una centrale nucleare sul nostro territorio a mio giudizio non è uguale. Infatti un incidente nucleare in Francia o in Svizzera avrebbe ripercussioni gravissime in un raggio di quaranta - cinquanta chilometri dalla centrale e sempre meno invasive mano a mano che ci si allontana da essa. Quindi se l'Italia decidesse di non installare mai centrali nucleari sul proprio territorio, in linea di massima sarebbe salvaguardata maggiormente da un incidente nucleare che accadesse in uno Stato confinante.

C'è poi il problema delle scorie radioattive prodotte dalle centrali nucleari. Queste scorie di fatto rimangono altamente nocive per migliaia di anni, diciamo per sempre.

Da un punto di vista etico è corretto che noi uomini del ventunesimo secolo inquiniamo il pianeta con scorie che saranno per sempre nocive? E dove le stocchiamo, dove le nascondiamo?

La trasmissione di Santoro non ha potuto certamente fornire risposte a tutti questi quesiti, però ha avuto il merito di sollevarli. A questo punto rimane a noi la scelta: come votare il 12 e 13 giugno? Io credo che una pausa di riflessione sul nucleare debba essere fatta, ma nello stesso tempo si debba cercare di capire da un lato quale sviluppo tecnologico possano avere le fonti energetiche rinnovabili che inquinano meno l'atmosfera, ma al momento sono molto costose e deturpano il territorio e soprattutto non si possono installare ovunque (eolico). Dall'altro lato sul nucleare, che non escluderei per sempre come fonte energetica a cui poter ricorrere in futuro, occorre capire se possono essere ampliate le misure di sicurezza delle centrali, ma soprattutto si deve affrontare il problema dello smaltimento delle scorie radioattive. Quindi oggi, per le conoscenze scientifiche che possediamo, probabilmente è corretto, visto che non abbiamo centrali nucleari attive in Italia, attendere a costruire nuove centrali e investire tempo e denaro nello studio sulle energie rinnovabili da un lato e dall'altro nello studio su nuove centrali nucleari più sicure e su come trattare le scorie radioattive derivanti dal loro funzionamento.

La conseguenza finale è che tutti noi avremo ancora per molti anni una bolletta energetica più cara di quella dei francesi, degli svizzeri ...

Post del 06.06.2011

Io sto con Santoro

Io sono un elettore di centro destra e per questo motivo desidero che Michele Santoro resti in RAI a svolgere la sua professione!!!

Post del 07.06.2011

Il caso Santoro: è conflitto d'interessi?

Io sono un elettore di centrodestra e per questi motivi non voglio che Michele Santoro lasci la RAI.

Di Michele Santoro si possono avere le più diverse opinioni. Anzi, è giusto, è naturale avere le più diverse opinioni perché è un giornalista "schierato", un giornalista "di parte" e da quale parte sia schierato lo si è sempre capito, è sempre stato chiaro, emerge dai suoi discorsi e dai suoi ragionamenti. Ed è per questo che si può essere a favore o contro il suo pensiero. Ma il suo pensiero deve esistere, deve potersi manifestare in una televisione pubblica, che non vuol dire televisione "neutra", ma pubblica, cioè che ospita, che offre ai propri spettatori le diverse visioni del mondo che ci circonda. Una televisione "privata" può scegliere se offrire o non offrire un Santoro ai propri spettatori , una televisione pubblica che ha visto nascere, crescere e svilupparsi un Santoro, non ha alternative, deve valorizzare e far crescere Michele Santoro. Anche perché c'è subito pronta una televisione privata che è lesta ad offrire uno stipendio al Santoro abbandonato dalla televisione pubblica. Perché? Perché guarda caso il Santoro pubblico negli anni si è formato il suo "gruppo d'ascolto" (perché è bravo, perché è fazioso, non lo so, non mi interessa) il fatto è che la televisione pubblica con Santoro ci guadagna i proventi della pubblicità che insegue i programmi che hanno più ascolto e il nostro Santoro pubblico in questo è tra i più bravi. Ma allora perché la televisione pubblica oggi abbandona Santoro?

Michele Santoro è stato assunto in Rai nel 1982. Dal 1982 ad oggi si sono succeduti dieci Presidenti del Consiglio dei Ministri, cioè dieci "referenti ultimi" a cui deve rispondere il sistema pubblico radio televisivo italiano (la RAI): Giovanni Spadolini, Bettino Craxi, Giovanni Goria, Ciriaco De Mita, Giuliano Amato, Carlo Azeglio Ciampi, Lamberto Dini, Romano Prodi, Massimo D'Alema e Silvio Berlusconi.

E' innegabile il fatto che tra i dieci personaggi ricordati, l'unico Presidente del Consiglio con interessi personali privati nel settore televisivo è l'ultimo dell'elenco. Ciascuno di noi a questo punto può trarre le proprie conclusioni. A me sembra che questo sia il nocciolo del problema. Tuttavia non credo, da vero imprenditore qual è, che l'attuale Presidente del

Consiglio possa ritenere Santoro un "asset" da eliminare per la RAI e non invece una risorsa preziosa su cui puntare ed investire, al pari di Bruno Vespa, Giovanni Floris, Milena Gabanelli e altri bravi giornalisti e anchorman della televisione pubblica. Quindi mi auguro che Michele Santoro e la RAI possano ri - trovare le ragioni per continuare il proficuo lavoro che da circa trent'anni svolgono insieme. Se lo faranno, tutti noi telespettatori riguadagneremo un poco di fiducia e di stima nei confronti della nostra classe dirigente… e di questi tempi ce ne sarebbe proprio bisogno.

Post del 21.06.2011

Riflessioni sull'ultima consultazione referendaria

Credo che l'esito delle ultime consultazioni referendarie, cioè il raggiungimento del quorum, ci inviti ad alcune riflessioni. Il precedente quorum raggiunto prima di questo risaliva ai referendum del giugno 1995 (quelli che dovevano riorganizzare il sistema televisivo in Italia, quelli sulla rappresentanza sindacale e la contrattazione del pubblico impiego), dopo una partecipazione degli elettori che è oscillata tra il 23% e il 49% nelle diverse consultazioni: ben sei per ventiquattro quesiti referendari a cui gli italiani evidentemente non hanno dato molta importanza.

Prima considerazione: quanto denaro pubblico è stato speso per organizzare e svolgere queste consultazioni che si possono definire a tutti gli effetti inutili? Possibile che non esista un modo più efficace per gestire il tutto?

Seconda considerazione: forse i temi proposti nelle precedenti sei consultazioni potevano essere meglio approfonditi, discussi e regolati dagli Organi Istituzionali preposti (in primis Parlamento e Governo), senza dover consultare ed investire delle decisioni il Popolo sovrano.

Ultima riflessione: in questa consultazione referendaria sicuramente il tema principale e trainante è stato quello nucleare sollecitato anche dal disastro di Fukushima . Questo significa che la gente si sente toccata e si muove su temi di carattere generale, dove è giusto che lo Stato, se sollecitato dal popolo, si adegui al volere della maggioranza dei cittadini.

A questo punto, per concludere, ecco le considerazioni che possiamo trarre dalle ultime consultazioni :

1-   Occorre aumentare il numero delle firme che si debbono raccogliere per proporre un referendum: solo così, da subito, sperimentiamo quanto il tema proposto sia sentito dagli italiani e così evitiamo che quesiti referendari deboli siano portati alla consultazione degli elettori.

2-   Una volta dichiarato ammissibile il referendum (diciamo sostenuto da due milioni di firme o da dieci Consigli Regionali) il quorum non è più necessario e a questo punto la vittoria tra il SI e il NO è molto semplice: va alla risposta più votata.

3-   Mi rendo conto che occorre una modifica costituzionale per mettere mano a questo tema, ma d'altra parte bisogna pur cominciare a "svecchiare" le procedure che a mio giudizio impediscono all'Italia di mantenere il passo con le Nazioni civili più avanzate .

Può sembrare una cosa di poco conto, ma se incominciamo ad efficientare la macchina del referendum evitando in futuro nuove consultazioni inutili, rendiamo un servizio al nostro Paese che saprà affrontare meglio le difficili sfide competitive dei tempi attuali. A questo compito il Governo (qualsiasi Governo) dovrebbe porre la massima attenzione se vuole veramente modernizzare il Paese.

Post del 16.07.2011

Una nuova coppia di sbirri

In queste prime sere d'estate ho terminato di leggere *Gli angeli di Lucifero*, opera prima di Fabrizio Carcano.

Il topos del romanzo è la Milano di oggi che l'autore dimostra di conoscere molto bene e che descrive con sapienza e particolarità nei suoi aspetti architettonici tanto da indurre il milanese doc a fare un sopraluogo nella tal via o nella tal piazza perché proprio quel particolare non l'aveva mai notato! Ma non solo: nel romanzo si respira anche la Milano frenetica che pensa come prima cosa al lavoro, attraverso le professioni delle prime tre vittime, un pubblicitario, un immobiliarista trafficone ed un medico e si apre uno squarcio su tre diversi mondi milanesi che vengono descritti ciascuno con i propri chiaroscuri e i propri rituali.

Giorno dopo giorno, dal 7 giugno all'8 luglio 2009, l'autore racconta la storia di un'indagine molto complessa e senza un apparente movente, condotta dal Vice Questore e Capo della Mobile di Milano, Bruno Ardigò. I tre iniziali efferati omicidi sono ricondotti nell'ambito delle sette esoteriche e sataniche e grazie anche al secondo eroe che appare da subito nella storia, il giornalista amico di Ardigò, Federico Malerba, le indagini proseguono tra mille difficoltà e arrivano alla fine a far luce non solo sugli omicidi di oggi, che nel frattempo sono diventati cinque, ma anche a svelare i retroscena, i mandanti e i colpevoli di casi di omicidi rimasti irrisolti negli anni settanta e novanta.

La lettura del romanzo, composto da 718 pagine, scorre rapida e veloce. Il lettore è avvolto e precipitato sempre più nella trama che ha come sfondo il mondo delle sette sataniche. Il tema del satanismo tuttavia non disturba la lettura ed è sempre trattato unicamente in funzione allo sviluppo dell'intreccio e all'utilità delle indagini.

Il Capo della Mobile Ardigò e il giornalista Malerba formano una coppia ben riuscita di investigatori, ciascuno con il proprio carattere e temperamento e ciascuno nel rispetto del proprio ruolo istituzionale, contribuiscono allo sviluppo nitido e pulito della storia, ricca di colpi di scena.

I due uomini sotto certi aspetti ricordano un'altra coppia di investigatori resi celebri da una serie di telefilm, Ellery Queen: un ispettore di polizia, Richard Queen, e suo figlio, scrittore, collaborando in via non ufficiale risolvevano casi di omicidi nella New York degli anni trenta e quaranta.

Ci piacerebbe che l'autore di questo romanzo pensasse ad un seguito, ad una nuova avventura: il Capo della Mobile Ardigò, aiutato dal compagno di studi Malerba, ancora una volta impegnati in una difficile indagine milanese.

Per chi fosse interessato: Fabrizio Carcano, *Gli angeli di Lucifero*, Casa Editrice Mursia

Post del 29.08.2011

Il Maritain del XXI secolo

La terra strada del cielo è stato scritto da Fabrice Hadjadj nel 2002, pochi anni dopo la sua conversione al cattolicesimo, avvenuta in Francia nel 1998. Il sottotitolo dice: manuale dell'avventuriero dell'esistenza. Il filosofo è nato a Nanterre nel 1971 da genitori ebrei di origini tunisine. Suo padre, diplomatico, ha lavorato per molti anni in Africa dove Hadjadj trascorre la sua gioventù.

Hadjadj ha partecipato alla XXXII edizione del Meeting di Rimini come relatore di un incontro dal titolo: l'inevitabile certezza: riflessione sulla modernità. "La certezza è solidità – ha spiegato Hadjadj – ma non la solidità della pietrificazione bensì quella del nostro cammino". Ciò che non fa vivere, per il filosofo francese, non è la certezza ma il dubbio. "Se voi non foste certi che io non sia un terrorista norvegese pronto a spararvi – ha esemplificato – non potremmo andare avanti nella nostra riflessione. Lo stesso Aristotele associa il dubbio a ciò che incatena e la certezza a ciò che libera". Per questo motivo gli scettici, nella vita quotidiana, finiscono per essere sempre conformisti: siccome non c'è alcuna certezza, non cambiano niente.

La terra strada del cielo è l'opera fondante il pensiero di Hadjadj. Con essa il filosofo pone le basi della sua riflessione metafisica che parte dalla riscoperta del valore della terra. Cit. :" la crisi dell'ambiente non è un problema di carattere materiale, ma spirituale". Ripercorrendo il pensiero filosofico degli ultimi secoli, Hadjadj individua tre mali contemporanei, tre "tentazioni" che ci allontanano dalla Verità: manicheismo, panteismo e agnosticismo. Nella seconda parte dell'opera, composta nella traduzione italiana di centoventitre pagine, il filosofo parte dalla terra per arrivare al cielo, la vera terra promessa. Cit.: "Risvegliando in noi il desiderio del Cielo, [la Grazia] rende più profondo il nostro legame con la terra; elevando il nostro spirito verso le cose di lassù, rende più ampio il nostro rapporto con la carne così bassa, ma chiamata alla resurrezione."

Durante la lezione tenuta al Meeting di Rimini, Hadjadj terminava: "La certezza è apocalittica, non nel senso oggi comune di catastrofica, ma nel suo significato di 'rivelazione'. Dopo il crollo delle ideologie e oltre le incertezze della post modernità, ci resta un'immensa ed inevitabile certezza di apocalisse, un'esistenza feconda che manifesta la gloria attraverso la croce, che porta una rivelazione fin nel cuore della catastrofe".

In conclusione: un autore contemporaneo che invito a meglio conoscere e meditare: propone riflessioni profonde, non comuni e che lasciano il segno nella nostra anima sempre assetata di Verità. Che sia il nuovo Maritain?

Per chi fosse interessato a leggere l'opera citata in questo articolo: Fabrice Hadjadj, *La terra strada del cielo*, Casa Editrice Lindau srl – Torino

Post del 10.09.2011

Il Re è nudo

Il Re è nudo.

Comunque vada a finire questa manovra finanziaria, la terza del 2011, il governo Berlusconi è venuto meno all'unica promessa che doveva mantenere: non mettere le mani nelle tasche degli italiani. Non che gli italiani ci credessero ancora, alla promessa. Chi ha perso è il Berlusconi politico, l'uomo in cui gli italiani nell'ultimo ventennio avevano riposto la fiducia per continuare a mantenere un futuro da "soap opera" e invece si sono ritrovati senza più futuro.

Certo la crisi è di quelle toste, una crisi così la si vede una volta sola in un secolo, "è peggio della crisi del 1929" ha dichiarato il segretario al Tesoro Usa Tim Geithner ancora ieri sbarcando a Marsiglia per la riunione del G 7 e si può continuare a parlare delle varie cause scatenanti questa crisi, la globalizzazione, la finanza malata, l'euro debole, l'Europa che di fatto politicamente non esiste e via dicendo.

Ma tutti questi fattori chiamiamoli "negativi" valgono per tutti i Governi, per tutti gli Stati. Come è possibile che l'Italia in questi ultimi venti anni invece di crescere stia regredendo ? Non voglio in questa sede tediare i lettori con numeri e statistiche, per chi volesse i numeri esiste il bellissimo e completissimo sito dell'Istat a cui vi rimando (http://www.istat.it/it/).

La mia breve analisi vuole essere più che altro politica: occorre a questo punto che il popolo italiano tiri le conseguenze di questo ventennio politico. Dal 1991 al 2011 Berlusconi e i suoi alleati hanno governato dal maggio 1994 al gennaio 1995 ; dal giugno 2001 al maggio 2006 e dal maggio 2008 ad oggi. La Sinistra con Prodi - D'Alema dal gennaio 1995 al giugno 2001 e dal maggio 2006 al maggio 2008.

Quando Berlusconi scese in campo politicamente (inizi anni '90) volle occupare lo spazio lasciato vuoto dalla Democrazia Cristiana e convinse gli italiani, soprattutto una larga fetta di elettorato cattolico, che non dovevano votare a sinistra, che ora era lui l'erede di De Gasperi, era lui il difensore degli ideali cattolici e borghesi, dei piccoli imprenditori come della famiglia, della libertà spirituale e di quella economica. Con lui gli italiani avrebbero continuato a crescere e lo Stato si sarebbe fatto da parte, non si sarebbe intromesso troppo in economia, ma avrebbe difeso i valori della Patria contro una politica della Sinistra che andava nella direzione opposta in tutti i campi.

Gli italiani gli credettero, anche perché la proposta era ben servita con una campagna mediatica e di informazione senza precedenti, come non si era mai vista prima nel panorama politico italiano. Nessuno, prima di Berlusconi, aveva mai fondato un partito, raccolto milioni di voti e vinto le elezioni nel giro di un paio di anni.

Una tale forza d'urto cosa ha portato inevitabilmente con sé? Una contrapposizione tra gli opposti schieramenti come mai prima d'ora si era avuta. E forse sta proprio qui il nocciolo del problema attuale. In Italia, come del resto accade in tutti i Paesi civili, prima della discesa in campo di Berlusconi, quando si doveva affrontare una crisi economica grave, i principali partiti politici mettevano da parte le proprie divergenti visioni e cercavano di convogliare le energie sulle cose da fare per uscire insieme dalla crisi. Ora questo sembra impossibile da realizzarsi perché il clima politico è troppo carico di tensioni, di veleni, di cattiverie e piccoli interessi particolari che fanno perdere di vista il Bene Comune.

Ora credo che se Berlusconi vuole passare alla Storia come grande Statista, ha ancora la possibilità di farlo e in una situazione grave come quella attuale può compiere quel passo in avanti ormai da molti richiesto, rassegnando le proprie dimissioni e permettendo la formazione di un grande Governo di solidarietà nazionale che, superando i veti incrociati, permetta all'Italia di voltare veramente pagina e di ricominciare a sperare.

Post del 02.10.2011

Romeo e Giulietta dei nostri giorni

Giovedì 29 settembre si è tolta la vita a Tehran una giovane donna, Nahal Sahabi.

Chi è Nahal? Nahal è, era, una giovane maestra d'asilo, aveva ventotto anni, ed era fidanzata di Behnam Ganji, uno studente universitario di 22 anni e amico a sua volta di Koohyar Goudarzi, membro del Committee for Human Rights Reporters (CHRR) a Tehran e arrestato dalla polizia dopo la rielezione del Presidente Ahmadinejad nel 2009. I due amanti vengono arrestati dalla polizia nell'ambito della stessa indagine a luglio di quest'anno e poi rilasciati. Behnam trascorre otto giorni nella prigione di Evin a Tehran, Nahal "solo" tre giorni.

Da quando Behnam è uscito di prigione, non è più lo stesso. Gli amici non sanno cosa gli sia successo in quegli otto giorni, ma si pensa a torture fisiche e psicologiche. Ai primi di settembre, Behnam si toglie la vita con una overdose di medicine. Nahal, distrutta dal dolore, lo raggiunge in cielo giovedì 29 settembre.

Prima di morire Nahal scrive sul suo blog: 'So it's Thursday again. Come, Behnam. Let's dance together on Thursday once more.'

Ho appreso questa storia dalla pagina Facebook della mia amica Azadeh Pourzand ed ho cercato ulteriori informazioni su internet. La stampa italiana, sino ad ora, ha completamente ignorato la vicenda. L'unico giornale "on line" che ha pubblicato la notizia è stato il Daily Mail con un bell'articolo di Jessica Satherley che ha paragonato i due amanti a moderni Romeo e Giulietta.

Lascio ad ogni lettore ulteriori riflessioni.

Due riflessioni su recenti fatti di cronaca

Il primo fatto: l'assoluzione di Amanda e Raffaele dall'accusa di aver ucciso la giovane Meredith Kercher. Premesso che le sentenze di Tribunale emesse in nome del Popolo italiano non si discutono, mi sorgono spontaneamente tre riflessioni. 1°) I due giovani credo abbiano diritto ad un risarcimento danni per aver trascorso circa quattro anni in prigione, ingiustamente privati della libertà personale. Ma a parte il risarcimento monetario, chi restituisce ai due giovani la possibilità di rivivere da uomini liberi gli oltre mille giorni di prigionia? 2°) Non credo che in questo caso si possa parlare di errore giudiziario. Semmai credo che in quattro anni di indagini, gli inquirenti non siano riusciti a produrre prove "inconfutabili" da convincere oltre ogni ragionevole dubbio una Giuria Popolare d'Appello della colpevolezza degli indagati. E questo è sicuramente da imputarsi all'Accusa. E allora mi sorge una domanda: quanto denaro pubblico è stato speso inutilmente, direi sperperato, nel corso di questi quattro anni di indagini? 3°) Occorre sicuramente migliorare l'efficienza di tutto il procedimento processuale. Primo per arrivare più velocemente ad una sentenza che accerti definitivamente assoluzioni o colpe. Secondo perché i costi diretti e indiretti di procedimenti giudiziari così lunghi in periodi di crisi economica non possiamo più sostenerli. Terzo per una questione di "Giustizia" con la G maiuscola. Quattro anni per arrivare ad una sentenza di assoluzione in un caso come quello di Perugia, dove gli attori, le parti in causa e i fatti processuali sono stati da subito individuati e studiati mi sembrano eccessivi.

Il secondo fatto che voglio commentare e che per certi aspetti è legato al primo è la decisione del GIP di Pinerolo di ordinare la distruzione della c.d. lista Falciani contenente l'elenco di oltre 7000 presunti evasori fiscali italiani che avevano aperto un conto corrente presso una banca svizzera. Tale elenco, in realtà contenente circa 80.000 nomi di "clienti" della banca, era stato trafugato illegalmente dal dipendente bancario "infedele". Attraverso vari passaggi, l'elenco era poi arrivato nelle mani dell'Agenzia delle Entrate italiane che aveva iniziato le indagini a carico dei presunti evasori e aveva iniziato i primi procedimenti. E proprio nel corso di uno di questi primi processi in corso a Pinerolo, il GIP ha dichiarato l'inammissibilità dell'utilizzo del documento trafugato illegalmente, ritenendo corretto applicare a questo caso un articolo della legge del 2006 promulgata dopo il clamoroso caso scoppiato intorno alla Security di Telecom - Pirelli, articolo che impone la distruzione dei «documenti illecitamente acquisiti» e condanna a 6 anni chi continua a detenerli (7 se pubblico ufficiale). Anche in questo caso non commento la decisione del GIP che, dovendo applicare la legge, non può sottrarsi ad essa. Il problema qui è sostanzialmente politico: può in questo particolare periodo storico un Governo che sta facendo della lotta all'evasione fiscale una bandiera nazionale, assistere alla distruzione di un elenco contenente i nomi di 7000 presunti evasori fiscali senza fare nulla per evitare tale azione? Che credibilità potrà avere il Presidente del Consiglio o il suo Ministro dell'Economia e Finanze quando parlano agli italiani di lotta all'evasione, se la lista Falciani venisse distrutta o resa inutilizzabile ai fini delle indagini su eventuali evasioni fiscali di contribuenti furbettini... Certo, la lista in questione all'origine è stata trafugata da un dipendente infedele di una banca svizzera, ma il reato del dipendente compiuto nei confronti del suo datore di lavoro non mi sembra che tolga valore ai dati contenuti nella lista, anzi la fonte per il tipo di indagine in questione mi sembra tra le più autorevoli. Questo episodio mi fa tornare alla mente il caso di un magistrato della Corte di Cassazione che di fatto causava la scarcerazione dei boss mafiosi condannati in via definitiva annullando le sentenze perché nelle stesse, una volta depositate, mancava un timbro o una firma del giudice o del cancelliere. Forse bisogna pensare a modificare la legge... Del resto, lo avevano scritto per primi duemila anni fa i nostri padri: "summum ius, summa iniuria".

Post del 24.10.2011

Questa nota compare questa sera (24.10.2011) sulla pagina web del Ministero per i beni e le attività culturali (http://www.beniculturali.it/mibac/export/MiBAC/sito - MiBAC/Contenuti/MibacUnif/Comunicati/visualizza_asset.html_224050623 .html):

"La notizia diffusa oggi da alcuni organi di stampa relativa al commissariamento del sito archeologico di Pompei da parte dell'Unesco è priva di ogni fondamento. In merito poi ai 105 milioni di euro, vincolati dal via libera della Commissione Europea, si ribadisce che il Piano per Pompei, approvato nel giugno scorso dal Consiglio Superiore per i Beni Culturali, consente di poterli destinare esclusivamente al sito di Pompei.

Nota ufficio stampa sottosegretario Villari "

In queste ore che forse segneranno la fine della XVI Legislatura e del IV Governo Berlusconi, la notizia, al momento smentita, di un intervento diretto da parte dell'Unesco per salvare il sito archeologico di Pompei dal degrado incredibile in cui è caduto a causa dell'inciviltà e della grettezza d'animo di chi dovrebbe proteggerlo e custodirlo appare di secondaria importanza.

Tuttavia, a ben riflettere, la vicenda di Pompei è sintomatica dello stato "comatoso" in cui versa la classe dirigente del nostro Paese che non è capace neanche di difendere, tutto sommato a costi ridicoli se si pensa al bilancio dello Stato, un Bene unico al mondo, UNICO al mondo.

E da questa classe dirigente, di Destra, di Centro e di Sinistra, gli italiani si dovrebbero aspettare le proposte innovative per uscire dalla crisi globale in cui il sistema occidentale è immerso sino al collo...?

Post del 09.11.2011

Due cose da fare prima di votare

Il Re è nudo scrivevamo un paio di mesi fa. Ora che il dado è tratto, restano due le cose da fare prima di dare la parola al Popolo sovrano.

La prima: votare le prime urgenti norme di carattere fiscale - economico che ridiano credibilità ai Mercati circa la serietà e volontà del Popolo italiano di affrontare l'attuale situazione di grave crisi economica in cui versa il Paese.

La seconda: scrivere una legge elettorale nuova che dia effettivamente agli elettori, il Popolo sovrano, la possibilità di scegliere i propri rappresentanti in Parlamento.

Sia chiaro: delle due, ritengo prioritaria la seconda.

Come siamo giunti alla situazione attuale sarà materia per gli storici che ci diranno tra dieci, venti anni quali errori sono stati commessi e di quali responsabilità le singole forze politiche dovranno rispondere. Ma una responsabilità è chiara sin da ora: la legge elettorale con la quale è stato eletto nel 2008 l'attuale Parlamento è inaccettabile prima di tutto da un punto di vista etico e poi anche da un punto di vista politico. Siamo convinti che se avessimo avuto un altro Parlamento, o meglio altri Parlamentari, meno asserviti ai Capi Corrente e ai Capi Popolo e più dediti al Bene Comune, la storia politica italiana di questi ultimi tre anni sarebbe stata diversa.

Che sia l'attuale Governo in carica ancora per pochi giorni, che sia un nuovo Governo politico, che sia un Governo tecnico o di Unità Nazionale, poco importa. L'importante è che le forze parlamentari presenti oggi in Parlamento rendano al Paese questi ultimi due servizi, i più importanti della Legislatura. Altrimenti sì, gli storici saranno implacabili.

Poi voltiamo pagina e andiamo a votare.

La baracca degli Angeli - Don Carlo Gnocchi

Il credente, l'uomo di fede, vive di certezza e costruisce la sua opera durante tutta la sua vita e alla fine la lascia in eredità ai suoi figli. Lo scettico, il relativista, il nichilista, vive senza certezza, in compagnia del dubbio esistenziale, perché non ha fede nell'esistenza di qualcosa d'altro per cui valga la pena costruire un'opera, è fermo, non si impegna fino in fondo nella società, è a favore dello status quo. Gli scettici in teoria, sono di fatto dei conformisti nella pratica. E quindi la società costruita dagli uomini di fede, progredisce, migliora; la società costruita nello scetticismo, nel relativismo, non progredisce anzi regredisce. Come diceva Aristotele, il dubbio incatena, la certezza libera.

A leggere il bel libro: *La Baracca degli Angeli* di Roberto Gatti viene subito da dire "grazie" a Carlo Gnocchi, un santo, cioè un uomo che ha vissuto pienamente la sua umanità, per quello che ha iniziato a costruire a favore dei più deboli, bambini, orfani, mutilati, persone uscite distrutte dall'esperienza allucinante della Seconda Guerra mondiale.

Senza una Fede grande Don Carlo Gnocchi non avrebbe potuto affrontare la difficile realtà del suo tempo e stravolgerla con il suo infinito Amore verso i suoi ragazzi bisogni prima di tutto di una carezza e poi di assistenza medica.

Con la vita di Don Carlo Gnocchi si va all'origine della pretesa cristiana, cioè alla ragione dell'esistenza del dolore, quello più profondo e più devastante, quello che colpisce i bambini innocenti e stravolge l'esistenza di genitori incapaci di affrontarlo e gestirlo: la pedagogia del dolore innocente, come la definiva Don Carlo.

Leggere questo libro, oltre a farci memoria di quella che è stata la vita e l'opera di un santo contemporaneo, ci ha portato a confrontarci con i tempi che stiamo vivendo. La crisi economica di oggi, che forse è prima di tutto crisi di Umanità e crisi di Valori, crisi di Proposte per cui valga la pena che un giovane spenda la propria vita, può trovare nell'esempio di vita di Don Carlo una risposta positiva, una strada già tracciata che porta alla santità, cioè alla realizzazione piena della propria esistenza.

Il santo è un uomo che rischia, che non si lascia affliggere dai problemi e dalle apparenti sconfitte. Il santo porta sulle spalle quotidianamente il suo pezzetto di Croce con la certezza che la strada è segnata e la sua opera si diffonderà ovunque il Signore vorrà.

L'opera scritta da Roberto Gatti, che appare nel panorama culturale con un tempismo perfetto, è praticamente un racconto della sua esperienza di vita dentro la Fondazione, un racconto delle tante storie di bambini e ragazzi incontrati nei vari centri della Fondazione, tutti bisognosi in fondo di un gesto d'amore gratuito.

Ripartire dalla gratuità, dal dono di un poco del proprio tempo a favore dei più piccoli e bisognosi può già essere un buon inizio per invertire la rotta.

Come diceva Antoine de Saint Exupery, "se devi costruire una nave, non radunare uomini per raccogliere legna e distribuire compiti. Ma insegna la nostalgia del mare infinito". Di questa nostalgia era ricco Don Carlo.

Roberto Gatti, *La baracca degli Angeli*, Ugo Mursia Editore spa –Milano

Il bambino di Noè

Bruxelles 1942, Joseph, un bambino ebreo di quasi otto anni, viene separato dalla sua famiglia a causa della stupidità degli uomini che pensano di risolvere i conflitti con l'uso della forza.

Le vicende narrate portano il bambino ad incontrare Padre Pons, un sacerdote cattolico che lo ospita, insieme ad altri bambini ebrei, in un collegio e così facendo gli salva la vita.

In questi due anni trascorsi con Padre Pons e gli altri ospiti del collegio, Joseph si apre alla vita e al mondo e mentre oltre le mura del parco che circonda il collegio sembra che la Terra tutta sprofondi nel baratro, il mondo di Joseph prende forma, tassello dopo tassello. Joseph prende coscienza di sè, di cosa significhi avere un amico, ma anche cosa siano la paura, il terrore e la disperazione.

Ma più di tutto, Joseph, attraverso l'amicizia con Padre Pons, intuisce la grandezza di Dio, cosa vuol dire essere ebreo ed essere cristiano, intuisce il valore della parola libertà. Dice Padre Pons al ragazzo che voleva convertirsi al cristianesimo: "Oggi come oggi è essenziale che tu accetti di essere ebreo. E' una cosa che non ha niente a che vedere con la convinzione religiosa. In seguito, se continui a volerlo, potrai diventare un ebreo convertito".

L'incontro finale con i genitori ritrovati riporta Joseph sulla terra e lo introduce nel mondo degli adulti. L'età della fanciullezza è alle spalle, ma Padre Pons lo accompagnerà sempre nel cammino della vita sino alla morte e gli passerà, con dolcezza e senza imposizioni, il testimone.

Un'opera da leggere per meglio comprendere quanto bene l'uomo può fare nel mondo rispettando e amando di più il proprio vicino di casa, in qualsiasi Paese quella casa abbia le fondamenta.

Eric - Emmanuel Schmitt, *Il bambino di Noè*, BUR Rizzoli Editore

Post del 28.11.2011

Cui prodest ?

E' di oggi la notizia: l'OCSE prevede per l'Italia un 2012 in recessione, cioè a PIL negativo. Per la Germania la previsione 2012 è una crescita dello 0,6% (contro una stima del 3% di crescita per quest'anno); per la Francia una crescita dello 0,3% nel 2012 (1,6% quest'anno) e per il Regno Unito una stima di crescita nel 2012 dello 0,5% (0,9% la crescita prevista per quest'anno). Complessivamente l'area Euro nel 2012 crescerà dello 0,2% contro una crescita dell'1,6% prevista per quest'anno. Le previsioni per gli USA sono di una crescita del 2% nel 2012 (1,7% per quest'anno). Come si può facilmente immaginare, una crisi imprevista, un fattore non calcolato che crea sfiducia nei Mercati e l'Europa nel 2012 sarà in recessione e di questo gli Stati Uniti hanno paura, che l'Europa in recessione blocchi la timida ripresa in atto negli USA.

E per le altre economie emergenti come sarà il 2012? L'OCSE prevede una crescita del PIL cinese dell'8,5% e del 9,5% nel 2013. Per l'India +7,2% nel 2012 e + 8,2% nel 2013. L'Indonesia +6,1% e +6,5%; la Federazione Russa +4,1% sia nel 2012 e sia nel 2013; il Sud Africa +3,6% e + 4,7%, infine il Brasile +3,2% e +3,9% nel 2013. Ma fermiamoci alla Cina. La Cina nel 2007 era la quarta economia del mondo, dopo USA, Giappone e Germania. Quest'anno è la seconda, avendo superato anche il Giappone, il che equivale a dire che il PIL cinese nel 2011 è stimato pari a 1.330 miliardi di dollari USA.

Con questo cosa voglio dire? Non penso che dietro l'attuale situazione di crisi economica europea e americana, non mondiale perché abbiamo visto che l'altra metà del mondo sta crescendo e anche a ritmi sostenuti e continuerà a farlo, ci sia un complotto ordito dalla Cina, magari con l'aiuto esterno di qualche altro Fondo Sovrano ai danni dell'Europa e degli USA. Europa e Stati Uniti si trovano in questa situazione di debolezza a causa di errori compiuti nei decenni passati sulle scelte eseguite non solo in politica economica, ma anche in politica estera; per quanto riguarda l'Europa lo stesso processo a cui si è arrivati all'Euro è stato carente, a mio avviso prima di tutto nell'esplicitare le ragioni per cui popoli diversi, ma accomunati da ideali e origini culturali comuni, decidono di unirsi e di guardare al futuro insieme. Venuto meno questo ideale, adesso è difficile per i Governi nazionali trovare le motivazioni e quindi di conseguenza porre in essere le azioni correttive, avendo a cuore il Bene Comune dell'opera che si è voluta costruire, cioè l'Europa, e non quella dei singoli Stati.

Tuttavia è altrettanto certo che una Nazione come quella cinese, prima o poi, farà sentire sul piano internazionale tutta la potenza della sua economia. "In politica contano i numeri", è un vecchio adagio sempre vero. E mi sembra che nel caso della Cina lo sia particolarmente.

Post del 30.11.2011

Ugo e Lucio

Cosa ho pensato quando ho letto la notizia del suicidio premeditato e realizzato da Lucio Magri?

Mi è venuto in mente il mio amico Ugo. Ugo ha 47 anni, due più di me, ed è ingegnere meccanico.

Per dieci anni siamo stati amici "per la pelle", come si dice. E' stato uno dei miei testimoni di nozze. Poi la vita, come spesso accade, ci ha separato. Lui è andato a lavorare in Cina e per alcuni anni ci siamo sentiti sporadicamente. Poi ci siamo ritrovati, lui si è sposato con Silvia, una ragazza di origini venete conosciuta a Milano e sono venuti ad abitare non lontano da me. Dal matrimonio sono nati due bambini, Riccardo, che oggi ha quattro anni, e Letizia che di anni ne ha due.

Un giorno di primavera di due anni e mezzo fa, Ugo esce dallo studio di un medico con nelle orecchie queste parole: lei Ingegnere non faccia progetti a lunga scadenza perché non le rimangono più di due anni di vita, lei ha la SLA.

Da quando ho appreso la notizia della malattia, vado a trovare il mio amico Ugo quasi tutte le settimane, di solito il venerdì pomeriggio e passo un po' di tempo con lui, Silvia, i bambini e tutti gli amici che circondano Ugo, che oggi vive su una sedia a rotelle, non muove più alcuna parte del corpo tranne gli occhi, respira aiutato da una macchina e si alimenta con un sondino. Io e Ugo parliamo grazie ad una specie di computer che è posizionato davanti al suo viso e lui con gli occhi seleziona le lettere e forma le parole che poi una voce sintetica recita a voce alta, la nuova voce di Ugo. Per essere sinceri io vado a trovare Ugo per una forma di egoismo. Davanti al mio amico contemplo il mistero di quella sua vita così diversa dalla mia di adesso, ma che percepisco carica ugualmente di un significato profondo per cui vale la pena di essere comunque vissuta. Questo mi dice lo sguardo di Ugo ogni volta che lo incrocio. Quando gli chiedo: come va?, Lui mi risponde: "ho un po' di SLA, ma per il resto va bene! E poi c'è chi sta peggio di me, bastardo interista!" che poi sarei io!

Il sacrificio di Ugo aiuta me e tutti i suoi amici a comprendere che la vita ci costringe ogni giorno a portare un pezzettino di Croce, cioè ci costringe quotidianamente a fare i conti con il fine ultimo delle nostre azioni. In questo cammino non siamo soli, ma accompagnati da altre persone che condividono con noi questa fatica. Solo compiendo sino alla fine questo cammino, ognuno di noi realizza il proprio Destino, Ugo realizza il suo Destino. Quindi vado a trovare il mio amico Ugo e lo ringrazio perché non c'è oggi luogo più prezioso intorno a me per fare questa esperienza. Quando varco la soglia della sua abitazione di solito sono stanco e pensieroso dopo una giornata di lavoro, quando lo saluto ed esco, sono sereno e lieto perché ho fatto esperienza di quel Significato ultimo della nostra vita che è il Mistero incarnato.

Io credo, anzi ne sono convinto, che se Lucio avesse conosciuto il mio amico Ugo, non si sarebbe tolto la vita.

Post del 03.12.2011

La prima politica è vivere

Per raccontare le emozioni che ho provato leggendo il lavoro di Maurizio Lupi, partirei dall'ultima riga scritta in fondo al libro: P.S. dove non c'è ironia non c'è umanità.

Nelle cento pagine scritte da Lupi, c'è tantissima umanità farcita di ironia feconda. Quell'ironia che ti permette di relazionarti con l'altro diverso da te, partendo non da posizioni preconcette, ma aperto al confronto e al dialogo, pur certo del luogo da cui tu provieni.

Il luogo da cui proviene Lupi è l'esperienza del movimento di Comunione e Liberazione. Citando Don Luigi Giussani, il fondatore del movimento ecclesiastico, Lupi ricorda una frase ripetuta spesso da Don Giussani durante le sue Lezioni all'Università Cattolica: "scopo della Chiesa è sì l'annuncio di Cristo, ma anzitutto educare l'uomo al senso religioso, ovvero a tener vive, a non spegnere, le domande sul significato della propria esistenza". Questa esperienza accompagnerà sempre Lupi, sin dai primi incarichi pubblici al Comune di Milano.

Il libro di Lupi stupirà il lettore nel fargli apprendere che la vita di un uomo politico, oggi, può essere, nella realtà, diversa da come viene descritta molto spesso sui giornali. E' la parola amicizia che più si legge nelle pagine di Lupi. Amicizia tra persone che provengono da storie diverse, da regioni diverse, da culture diverse, ma tutte mosse dal desiderio di fare il proprio meglio per il nostro Paese, per il Bene Comune. Scrive Lupi a proposito del deputato PD, Ugo Sposetti: "il punto quindi non era convincerlo delle mie idee, ma andare tutti e due al fondo delle nostre esperienze. Solo così avremmo capito ciò che valevano e, nel caso, saremmo stati disponibili a rimetterci in discussione".

Proprio in queste settimane dove, con riferimento all'attuale Governo "tecnico", da più parti si parla di abdicazione della Politica dalle proprie responsabilità, leggere il libro di Lupi aiuta a riempire i polmoni di quell'aria pura che a Milano scarseggia, a dir la verità anche per colpa del PM10. L'aiuto viene dal sapere che ci sono ancora persone che hanno voglia e desiderio di impegnarsi in politica, anzi in Politica avendo come ideale il Bene Comune del popolo che è il vero Sovrano cui i politici si devono dedicare. Finché ci saranno persone così, la Politica non abdicherà alle proprie Responsabilità.

Maurizio Lupi, *La prima politica è vivere*, Arnoldo Mondadori Editore spa.

Post del 10.12.2011

Cose che nessuno sa

Siamo onesti: le aspettative sul secondo romanzo del Professor D'Avenia erano alte, dopo il successo straordinario e inaspettato del suo romanzo d'esordio. Ebbene, non siamo stati delusi. Il secondo lavoro, *Cose che nessuno sa* , è un romanzo di ampio respiro, dove le storie dei protagonisti si intrecciano con le storie personali del lettore e la storia della nostra letteratura, cioè della nostra vita, si diverte con esse. *Cose che nessuno sa* è un grande romanzo d'amore e quindi di vita e di morte. Amore presente, amore assente, amore perduto, amore mai conosciuto, amore filiale, amore coniugale, amore per la letteratura, amore ideale, amore carnale.

Ognuno dei protagonisti principali compie all'interno della storia il proprio cammino per ritrovarsi alla fine cambiato, migliorato. Margherita, la figlia adolescente, elabora il dolore dell'abbandono del padre grazie all'aiuto inconsapevole del suo Professore di Italiano e Latino, il Professore di Italiano e Latino elabora il suo amore per Stella grazie al dolore di Margherita che gli trasmette, inconsapevole, il coraggio di Telemaco che parte alla ricerca del padre. E poi c'è Giulio, un adolescente in crisi come Margherita: insieme i due compiranno il cammino che porta alla maturità. E poi c'è la madre di Margherita che elabora i motivi della crisi del suo matrimonio e con l'aiuto della nonna Teresa e grazie al sacrificio di Margherita, trova il perdono. E infine c'è nonna Teresa, punto di riferimento per Margherita. Il colpo di scena finale rende la sua figura ancora più speciale, cerniera tra il passato e la vita nuova che attende Margherita.

A differenza di *Bianca come il latte e rossa come il sangue*, questo secondo romanzo è rivolto più ad un pubblico adulto, i temi trattati sono impegnativi e richiedono per essere elaborati, forse, più esperienza di vita di quella che possiede un adolescente. Stilisticamente, l'uso della lingua siciliana che nonna Teresa porta nel romanzo è qualcosa di veramente bello e ci riporta con la musicalità delle parole ad un tempo che fu, all'arché manifesto.

Chiudo con le ultime parole di D'Avenia, nei ringraziamenti: "Proprio te ringrazio, lettore, che hai accostato l'orecchio a questa storia, come si fa con una conchiglia. E spero che tu abbia provato nel leggerla ciò che ho sentito io nello scriverla: un po' più di amore per la vita e un po' più di misericordia per l'uomo".

Il resto sono cose che nessuno sa.

Alessandro D'Avenia, *Cose che nessuno sa*, Mondadori Editore

Post del 31.12.2011

Il Governo Monti ha terminato il primo compito che gli era stato affidato dal Parlamento: decidere le misure economiche "salva Italia", cioè prendere quelle decisioni impopolari, ma che sembravano indispensabili e necessarie per abbattere lo spread, calmare i Mercati Finanziari e allentare la tensione sull'Euro. L'effetto ottenuto? Al momento non sembra quello sperato. Certo non è pensabile in pochi giorni rassicurare i Mercati Finanziari sulla tenuta dei nostri conti pubblici visto che il debito pubblico è ancora lo stesso di un mese fa e le azioni intraprese dal Governo devono essere verificate dalla prova dei fatti. Inoltre è chiaro a tutti che l'Italia da sola non può farsi carico di una situazione generale di crisi economica e finanziaria che coinvolge tutti i Paesi europei, Francia e Germania inclusi. Non è pensabile che sistemando i nostri conti pubblici, o provando a sistemarli seriamente, la crisi finanziaria come per incanto scompaia. Le drastiche misure prese dal Governo Monti, giuste o sbagliate, ciascuno può discutere, andavano prese per mandare quel segnale agli altri Governi europei sulla serietà della nostra posizione in Europa. Ma ora occorre che l'Europa decida cosa vuole essere da "grande": una vera unione politica di Stati Uniti d'Europa oppure una unione economica e finanziaria di mercati con alcuni Paesi egemoni che dettano le linee guida.

A mio giudizio però, per sostenere il punto di vista italiano in Europa, qualunque posizione il Governo decida di prendere, occorre che lo stesso sia pienamente politico, cioè eletto direttamente dai cittadini italiani e non votato e sostenuto da Deputati e Senatori. Ecco quindi il secondo compito che spetta al Governo Monti: promuovere senza indugio la riforma dell'attuale legge elettorale, che non prevede attualmente la possibilità di far esprimere all'elettore la propria preferenza per il candidato in lista, facendo scegliere di fatto a cinque o sei persone la composizione del Parlamento, contribuendo così a generare non poco l'attuale situazione di degrado in cui versa la nostra classe politica. Gli esempi sono sotto gli occhi di tutti e non mi sembra il caso di aggiungere altro.

Esaurito questo secondo compito il Governo Monti a mio avviso potrà ritenersi soddisfatto per aver contribuito a fornire all'Italia due importanti passaggi istituzionali che le avranno permesso di attraversare la bufera e cambiare rotta dirigendo la prua della nave, si spera, verso mari più tranquilli.

E quindi alle urne!

Post del 12.01.2012

La crisi di Fincantieri

Di tutte le crisi industriali che in questi ultimi mesi stanno riempiendo le pagine dei giornali e i telegiornali delle nostre televisioni, forse quella che appare più "assurda" e inspiegabile a menti semplici come le nostre è quella che ha investito Fincantieri.

Il motivo: mancanza di commesse. Mancanza di commesse?

Ma chi ha diretto Fincantieri in questi ultimi anni? Babbo Natale?

Quanti mesi - anni ci vogliono per costruire una nave da crociera, per completare una commessa? E nel frattempo chi deve occuparsi di far lavorare circa diecimila persone con famiglie non cerca di trovare nel mondo nuovo lavoro e nuove commesse? Ma le navi da crociera non sono più di moda, si dice. E allora? Un operaio che costruisce una nave da crociera non può costruire una nave porta container o un traghetto di linea o una nave militare o un rimorchiatore? Certo che chi doveva andare in giro per il mondo a cercare nuove commesse e non lo ha fatto, prima o poi dovrà rendersi conto che il problema dell'assenza di lavoro si presenta.

Ma dirò di più, ricordiamo questi nomi: Antonio Marzano dal giugno 2001 all'aprile 2005; Claudio Scajola sino a maggio 2006; Pier Luigi Bersani dal maggio 2006 al maggio 2008 poi ancora Claudio Scajola sino al maggio 2010, poi l'interim del Presidente del Consiglio Berlusconi e infine da ottobre 2010 a novembre 2011 Paolo Romani. L'attuale Corrado Passera non lo consideriamo essendo stato appena nominato.

Questi sono i nomi dei Ministri dello Sviluppo Economico degli ultimi dieci anni. Questi sono i nomi che ultimamente sono i responsabili del fallimento di una Politica di Sviluppo economica che è stata inesistente in Italia in questi ultimi dieci anni. Fincantieri è solo la punta dell'iceberg, è un caso talmente eclatante da non sembrare vero. Che l'Italia, Paese che costruisce navi da sempre, dai tempi dei romani che sconfissero la flotta cartaginese con la famosa battaglia di Milazzo dove fu per la prima volta al mondo sperimentato il "corvo", non possa essere più presente con una propria realtà industriale nel settore delle costruzioni navali è francamente troppo da comprendere ed accettare per menti semplici come le nostre.

Certo il tempo perso è tanto, forse troppo. Dieci anni di inattività totale non si recuperano in un mese o due e la crisi economica non facilita certamente le cose. Tuttavia direi che un tentativo serio, portato avanti da persone competenti che abbiano in mente un progetto di rilancio per Fincantieri e cerchino di realizzarlo, lo si debba fare. Prima di tutto per i lavoratori direttamente coinvolti, che non sono poche decine e poi anche questo è un segnale importante che l'Italia può fornire all'Europa sulla serietà del cambiamento in atto.

Post del 16.01.2012

Auguri ad Aldebaran!

Ecco quanto pubblicato ieri sulla prima pagina del mio blog:

"Auguri ad Aldebaran!

Oggi, 15 gennaio 2012 è nato Aldebaran, il mio primo blog!

Perchè un blog, perchè Aldebaran?

La "necessità" di un blog personale penso che sia nata giorno dopo giorno da quando, per caso, verso la fine del 2010 ho incontrato, navigando nel W.W.W. il sito di LaRecherche, rivista di letteratura on line con la quale collaboro e con la quale ho intenzione di collaborare ancora. Iniziare a pubblicare le mie opere, poesie innanzi tutto, scritte da quando avevo quindici anni, e poi articoli sull'attualità politica e culturale mi ha fatto sentire meglio.

Giorno dopo giorno mi sono accorto che esprimere i miei pensieri e le mie opinioni sui fatti di attualità mi aiutava a sopportare la tristezza e scaricare la tensione che provavo per le ingiustizie a cui ogni giorno capita a tutti noi di essere testimoni.

La scrittura quindi come terapia maieutica adatta a noi uomini di oggi iper stressati dal lavoro o dalla mancanza di lavoro. Terapia che consiglio a tutti!

A questo punto il desiderio di un luogo "tutto mio" sul web dove poter esprimere i miei pensieri liberamente si è fatto stringente ed ecco oggi la nascita di Aldebaran, la stella che segue, come tutti noi seguiamo nella vita qualcosa o qualcuno...

Non ho idea dove questa avventura mi condurrà nè quanto durerà. Una cosa so però: Aldebaran cercherà sempre di seguire la strada più faticosa e magari più lunga e tortuosa che porta alla Verità e non si lascerà circuire dalle facili chimere...non per spirito di autolesionismo, ma perchè il cuore dell'uomo cerca la Verità e solo la Verità lo farà sentire in pace.

Auguri quindi ad Aldebaran e auguri a tutti quelli che vorranno iniziare questo viaggio insieme a me".

Post del 22.01.2012

Quando accade una tragedia come quella che ha colpito la nave da crociera Costa Concordia, il primo pensiero corre sicuramente alle persone che hanno perso la vita durante quella che doveva essere una spensierata vacanza.

Poi arriva la fatidica domanda: come è potuto accadere un fatto simile? Come può una moderna nave da crociera dotata di ogni tipo di strumentazione elettronica, andare a scontrarsi contro uno scoglio segnalato nelle carte nautiche a circa duecento metri dalla terra ferma?

Forse una risposta definitiva e soprattutto esaustiva al cento per cento non l'avremo mai.

Tuttavia tre considerazioni a distanza ormai di qualche giorno dall'accaduto si possono proporre.

La prima: il Comandante Schettino ha sicuramente una responsabilità importante nell'aver permesso l'accaduto. Era sua la responsabilità della rotta della nave ed era sua la decisione finale di ogni manovra della nave. Il perché la Costa Concordia fosse finita così vicino alla terra ferma, sarà motivo di indagini, ma il Comandante Schettino aveva il dovere di evitare che ciò accadesse.

Secondo: l'errore umano è sempre possibile, in ogni attività e in ogni lavoro, dal più semplice al più complesso come è il governo di una nave da crociera con la responsabilità di trasportare quattromila persone. Quindi non mi sento di condannare senza appello il Comandante Schettino. Potrebbe anche aver commesso gli errori in buona fede, con superficialità ma in buona fede. Una cosa sola il Comandante Schettino non doveva fare, ed era l'unica cosa che agli occhi del mondo lo avrebbe riscattato: abbandonare la nave prima che l'ultimo dei mozzi fosse sceso a terra e si fosse messo in salvo. Solo così il Comandante Schettino si sarebbe riguadagnato la fiducia e soprattutto la stima degli italiani. Il gesto che ha compiuto, quello di scendere a terra tra i primi, è inqualificabile, impensabile per ognuno di noi. E' patrimonio culturale di tutti che il comandante di una imbarcazione, sia essa una canoa o una nave di migliaia di tonnellate, è l'ultimo ad abbandonare la nave. E in questo caso, mi spiace, non ci sono scuse che reggano: onori ed oneri al comandante...

Terza ed ultima considerazione, purtroppo amara: questa vicenda racconta di una parte dell'Italia di oggi che vede ai posti di comando, di dirigenza, trasversalmente in tutti i settori della società, persone mediocri, non all'altezza dei compiti che sono loro affidati e nominate in quei posti per amicizie o complicità di altra natura. Gli esempi che mi vengono in mente sono molteplici, ma non è il caso di fare nomi e cognomi. Ognuno di noi nel proprio ambito lavorativo credo che possa trovare riscontro a questa riflessione. Se così non fosse, si tenga ben stretto quel posto di lavoro!

Post del 24.01.2012

Articolo 18 e mondo del lavoro.

Si può oggi in Italia parlare dell'articolo 18 dello Statuto dei Lavoratori (nel senso di una sua modifica) oppure siamo in presenza di un Moloch intoccabile? Direi che in Italia esiste ancora una certa libertà di parola e di scrittura, il problema semmai è inquadrare correttamente i termini della questione. Ed io partirei dalla definizione di lavoro umano.

Il 14 settembre 1981 a Castel Gandolfo, Giovanni Paolo II firma la *Laborem exercens*, un documento fondamentale per chi oggi vuole ripensare un nuovo modo di concepire il lavoro. Rileggerla provoca brividi lungo la schiena per l'attualità dei temi toccati dal Papa, temi che sono stati profeticamente annunciati trenta anni fa.

Quasi all'inizio del documento, al paragrafo 3 si dice (cit.): "... il fatto che il lavoro umano è una chiave, e probabilmente la chiave essenziale, di tutta la questione sociale, se cerchiamo di vederla veramente dal punto di vista del bene dell'uomo. E se la soluzione o, piuttosto, la graduale soluzione della questione sociale, che continuamente si ripresenta e si fa sempre più complessa, deve essere cercata nella direzione di «rendere la vita umana più umana», allora appunto la chiave, che è il lavoro umano, acquista un'importanza fondamentale e decisiva."

Il lavoro umano viene poi analizzato da diversi punti di vista e un paragrafo, il 16 merita qui attenzione (cit.): "Il lavoro è - come è stato detto - un obbligo, cioè un dovere dell'uomo, e ciò nel molteplice senso di questa parola. L'uomo deve lavorare sia per il fatto che il Creatore gliel'ha ordinato, sia per il fatto della sua stessa umanità, il cui mantenimento e sviluppo esigono il lavoro. L'uomo deve lavorare per riguardo al prossimo, specialmente per riguardo alla propria famiglia, ma anche alla società, alla quale appartiene, alla nazione, della quale è figlio o figlia, all'intera famiglia umana, di cui è membro, essendo erede del lavoro di generazioni e insieme co-artefice del futuro di coloro che verranno dopo di lui nel succedersi della storia. Tutto ciò costituisce l'obbligo morale del lavoro, inteso nella sua ampia accezione".

Questo a nostro giudizio lo scenario di riferimento, la scala valoriale a cui riferirsi per incominciare a parlare di riforma del mondo del lavoro.

Del resto l'importanza del lavoro è tale che i Padri Costituenti l'hanno inserito nell'art. 1 della Costituzione italiana, anzi la Repubblica italiana si fonda sul lavoro. Ne consegue che prima di tutto, prima di ogni altra cosa, il Governo della Repubblica ha il dovere di occuparsi di sostenere la Repubblica, di ri-fondarla e irrobustirla ogni giorno sempre di più e quindi in primis di creare lavoro e non di pensare a nuove forme di perdita di lavoro, di licenziamenti o altro.

Veniamo infine alla Legge 20 maggio 1970 num. 300 (c.d. Statuto dei Lavoratori). Ricordiamo, a chi fa finta di non ricordare, che la legge fu promulgata dopo un ventennio di infuocate discussioni, sia parlamentari che nelle fabbriche (che allora erano ancora diffuse in Italia) e nella società civile. Nessun partito politico presente in Parlamento si oppose allo Statuto, il PCI e il PSIUP si astennero, gli altri votarono a favore.

Con questo voglio dire che l'attuale Governo presieduto da un premier "a scadenza" ravvicinata non penso che abbia il mandato popolare per occuparsi di un tema così importante e delicato qual è quello di riorganizzare il mondo del lavoro in Italia. E soprattutto non ha il tempo necessario a disposizione per fare le cose per bene. Del resto le priorità del Governo Monti erano altre e semmai le forze residue questo Governo farebbe meglio a spenderle cercando di porre in essere quelle azioni atte a ridurre lo stock del debito pubblico che ha raggiunto livelli quasi da non ritorno, generando ogni anno una montagna di interessi che andranno corrisposti ricorrendo purtroppo a nuove manovre finanziarie. Per quanto riguarda il rilancio dell'economia e quindi la crescita del PIL, non credo proprio che dipendano dall'abolizione o dalla modifica di un articolo di legge. Basta visitare il sito internet dell'ISTAT e osservare la linea crescente del PIL dell'Italia dal 1970 al 2000 per trarre le conclusioni del caso.

Nell'intrigante manuale *Farcela con la morte*, Fabrice Hadjadj, quarantenne filosofo francese, riporta il seguente passo del filosofo danese: "tra tutte le futilità di quest'epoca miserabile, la più ridicola è forse quella sentenza scritta con una pretesa di saggezza che spesso ho incontrato nelle mie letture e di cui ho sentito ammirare l'eccellenza; oggi non si può più essere un martire, la nostra epoca è incapace di mettere qualcuno a morte. Quale errore di concetto! Non è l'epoca a dover avere la forza di mettere a morte un uomo o di farne un martire; è il martire, il martire in potenza, che deve avere la forza di dare all'epoca la passione, l'amara passione di farlo perire. [...] E se l'epoca è immersa nella più grande mollezza, un tipo in gamba fa presto a renderla appassionata. Ma questo guastafeste sarebbe soltanto una rarità in un'epoca in cui il predicatore è degno dell'ascoltatore."

Continua l'autore del libro Hadjadj: "Il predicatore moderno accarezza il suo gregge nel verso del pelo. E' degno dei suoi ascoltatori, non propone nulla che sia al di sopra del livello della mangiatoia, solo qualche rudimento di morale umanista che permette di ruminare tranquilli ".

Come ci suonano vere e attuali le parole di entrambi i filosofi. Le sperimentiamo tutti i giorni, nella quotidianità della nostra esperienza. Le viviamo reciprocamente nei rapporti personali più stretti, con nostra moglie o nostro marito, con i figli. Abbiamo paura di esporci, di far conoscere all'altro la parte più intima di noi, quella più vicina al nostro desiderio, con la D maiuscola, Desiderio di compimento della nostra esistenza, della nostra umanità.

Ma tutto questo vale anche per il nostro lato pubblico. E' di oggi la notizia di un "tesoriere" di un importante partito politico italiano che ha distratto dalle casse del suo partito oltre dieci milioni di euro che sono finiti su conti correnti di società a lui riconducibili. Il segretario politico di questo partito, intervistato da un giornalista dichiara di non essersi accorto di nulla, di essere molto offeso per l'accaduto e di volersi costituire parte civile, a nome del Partito, al processo (la morale umanista ...). Ma come può questo signore non pensare che noi cittadini, noi elettori di un predicatore così non sappiamo cosa farcene? Come possiamo affidare noi cittadini a soggetti del genere la gestione della Cosa pubblica, se costoro non riescono a gestire nemmeno la Cosa loro?

In quest'epoca di grande mollezza, auspichiamo la venuta di giovani nuovi "martiri" che decidano di impegnarsi nella Cosa pubblica al posto di questi politici cialtroni che pensano soltanto alla loro mangiatoia e mai al Bene Comune.

Della riforma del mercato del lavoro abbiamo già scritto sulle pagine di questa rivista. Torniamo oggi volentieri in argomento visto che il Governo sembra intenzionato, nel giro delle prossime tre - quattro settimane a licenziare una riforma di questo mercato. L'argomento è quindi di strettissima attualità e coinvolge praticamente tutti noi. Il lavoro è infatti l'attività tipica dell'uomo, gli animali non lavorano, cioè non creano con la propria attività beni materiali o immateriali, ma rispondono con le proprie azioni agli istinti. Ma restiamo all'articolo 18.

Ieri, nelle prime pagine, il principale quotidiano economico italiano ha dedicato all'argomento ampio e ben approfondito spazio. Dalla lettura emerge per prima cosa una fatto: la materia del licenziamento del lavoratore dipendente è trattata in maniera differente nei diversi Stati europei. Tutte le legislazioni prevedono una qualche causa per il licenziamento soggettivo abbinato al licenziamento per ragioni economiche legate alla vita aziendale. Il secondo caso non crea "problemi" perché purtroppo quando un'azienda va veramente male, non ci sono motivazioni che tengano, l'azienda chiude e il problema del lavoratore non esiste e basta. Il vero problema italiano, che emerge leggendo gli articoli pubblicati da Il Sole 24 Ore, è quando un'azienda italiana licenzia un dipendente e si instaura un contenzioso giuridico.

Qui iniziano le anomalie italiane, che sono di due tipi: tempi incerti e comunque lunghi prima di arrivare alla risoluzione della causa e incertezza nel costo monetario che dovrà sostenere l'azienda nel caso il licenziamento venga accolto. In sostanza quasi tutte le legislazioni degli altri Paesi prevedono un tetto massimo al rimborso, mentre in Italia il quantum viene deciso dal giudice. Se poi si aggiunge il fatto che i diversi tribunali seguono sull'argomento in esame diversa giurisprudenza, il quadro che emerge in effetti è quanto meno nebuloso e potrebbe scoraggiare gli investimenti delle grandi aziende in Italia. Dico potrebbe perché se si analizzano le motivazioni dichiarate che spingono i Top Manager delle grandi multinazionali a decidere in quali Paesi del mondo investire, la facilità di licenziamento non viene quasi mai citata tra le motivazioni decisive. Ma di questo argomento ci occuperemo in un altro articolo.

A questo punto mi rimane una domanda da porre e una considerazione da fare. La domanda è la seguente: come mai questo Governo ha deciso di porre come centrale per la riforma del mercato del lavoro la modifica - abrogazione dell'articolo 18 ? Abbiamo visto che le cause dell'anomalia italiana risiedono nei tempi lunghi della giustizia e nell'incertezza del risarcimento monetario, ma queste cause non dipendono direttamente dall'esistenza dell'articolo 18, ma dall'organizzazione della Giustizia in Italia e da una legislazione in parte lacunosa riguardo alla disciplina dei risarcimenti. Perché non si parte da lì?

La considerazione può sembrare banale tanto è semplice: solo la crescita economica può far aumentare i posti di lavoro e creare nel mercato le opportunità e la mobilità per tutti i lavoratori, mobilità positiva tanto cercata a parole e osannata da questo Governo. In caso contrario, cioè di contrazione dell'economia, le aziende saranno costrette a chiudere e quindi a licenziare, con giusta o ingiusta causa, poco importa.

Per il momento mi fermo: tante sarebbero ancora le cose da dire sull'argomento. Al prossimo articolo.

Farcela con la morte

Ho conosciuto il filosofo (detective del quotidiano come si definisce) Fabrice Hadjadj durante l'edizione 2011 del Meeting per l'amicizia tra i popoli di Rimini. In quell'occasione tenne un incontro con a tema il titolo del Meeting (E l'esistenza diventa una immensa certezza) che è tra l'altro possibile rivedere e riascoltare oltre che sul canale YouTube del Meeting di Rimini anche sul mio blog Aldebaran (http://lorenzorobertoquaglia.blogspot.com/) - lo trovate tra i video preferiti.

Hadjadj, certamente noto agli "addetti ai lavori" nonostante la sua giovane età (è nato a Nanterre nel 1971) merita di essere maggiormente conosciuto perché offre spunti di riflessione sulla vita molto interessanti per l'uomo contemporaneo. E non è una presa in giro. Nel manuale *Farcela con la morte*, scritto nel 2005 e vincitore nel 2006 del prestigioso Grand Prix Catholique de littérature, Hadjadj affronta il tema della morte offrendo riflessioni che ci aiutano a vivere la vita senza censurare l'argomento che è di una inevitabile certezza, per tutti.

L'opera è divisa in capitoli che possono essere letti anche separatamente e offrono spunti per riflettere su diverse tematiche che emergono dai titoli dei capitoli stessi: Speranza di vita, La grazia della paura, Sul suicidio e l'eutanasia, Sull'omicidio legale e il terrorismo, La morte di Dio, Il martirio a portata di tutti, In my end is my beginning.

Scrive Hadjadj: "la nostra epoca piena di rumore e di furore è veramente attesa di un liberatore, e questo spiega la facilità con cui un intero popolo si precipita a seguire un tiranno pieno di promesse o l'utopia alla moda".

Ognuno di noi desidera la felicità, ma la nostra morte e la nostra impotenza dimostrano che non riusciamo a procurarcela da soli, dobbiamo sperare che provenga da altro, ma altro non può essere un uomo, limitato e fallibile come noi. La morte pertanto è il termine di paragone con cui dobbiamo, volenti o nolenti, consapevolmente o meno, confrontarci per tutta la vita. La risposta che ci diamo nei confronti di questo limite condiziona tutta l'esistenza. Hadjadj ci offre le sue riflessioni e le sue risposte che trovano nella religione cattolica il proprio fondamento. La morte di Cristo sulla croce è il fulcro della visione cristiana della vita e quindi anche della morte. Non sono pagine mistiche o spirituali quelle che si leggono nel manuale, sono pagine che aiutano a riflettere l'uomo di oggi, immerso in una società che fa dell' eternamente giovane e bello e sano e felice la sua finta colonna sonora. E non manca l'ironia.

Scrive Hadjadj: "D'altronde, come si può imparare a morire? Chamfort riporta l'obiezione di una ragazza: - perché questa frase, imparare a morire? Mi sembra che ci si riesca bene già la prima volta!"

In effetti a noi interessa imparare a vivere bene, non a morire bene.

Per chi fosse interessato alla lettura:

Fabrice Hadjadj, *Farcela con la morte*, Cittadella Editrice – Assisi

Della riforma del c.d. mondo del lavoro abbiamo già parlato in diversi articoli. Ora mi preme formulare alcune considerazioni conclusive sperando che il Governo Monti recepisca le istanze che vengono dai lavoratori e dai sindacati e comprenda che una riforma della legislazione su queste tematiche non si può fare in qualche settimana.

Punto primo, sull'articolo 18: la notizia è di settimana scorsa. L'Associazione degli artigiani di Mestre ha condotto un'indagine su quante aziende e quanti lavoratori sono soggetti all'articolo 18 dello Statuto dei lavoratori. Risultato: il 3% delle aziende italiane supera i 15 dipendenti, ma queste imprese impiegano il 65,5% dei lavoratori. Ma chi l'avrebbe mai detto … su oltre 5 milioni di imprese operanti in Italia, solo 150.000 aziende risultano interessate all'articolo 18; però su oltre 12 milioni di lavoratori dipendenti, circa 7,8 milioni di persone sono tutelate dall'articolo 18 dello Statuto dei Lavoratori. Conseguenza: come si può affermare che con la modifica - abrogazione dell'articolo 18 verrebbe colpita solo una minoranza dei lavoratori e che tale articolo non interessa quasi nessuno? Invece è solo una minoranza delle imprese che risulta interessata dall'articolo 18, mentre la stragrande maggioranza delle imprese italiane già ora è fuori dall'ambito di applicazione dell'articolo 18. Semmai, dal mio punto di vista, ci sarebbe da estendere l'ambito di applicazione dell'articolo 18 anche ai lavoratori che ora ne sono esclusi, tenuto conto che il buon Legislatore dovrebbe estendere le tutele per i lavoratori, anziché ridurle, visto che il lavoro è l'attività su cui si fonda la Repubblica italiana.

Punto secondo: la ragione per cui l'Italia negli ultimi anni ha perso attrattiva per le aziende (italiane e straniere) che vogliono investire (in Italia) dipende, purtroppo, dalla mancanza di attrattiva del nostro sistema Paese. Per capirci i veri problemi per le aziende risiedono nella eccessiva burocratizzazione cui devono sottoporsi per avere permessi e autorizzazioni, per poter decidere con tempestività strategie aziendali che, in un mondo che viaggia alla velocità di internet, non possono soggiacere ai tempi autorizzativi della nostra Pubblica Amministrazione. Poi c'è il problema della certezza del diritto sul quale ogni imprenditore che vuole investire deve necessariamente poter contare per decidere dove spendere il proprio tempo e denaro. In Italia la crisi del sistema "giustizia" è ormai cronica. In questa occasione sarebbe inutile parlarne perché ci porterebbe fuori tema. Comunque non è possibile che un processo civile, magari proprio una causa su un licenziamento ritenuto illegittimo, arrivi a sentenza di primo grado in quattro - cinque anni. Questo sì che è assurdo. Ma non è un problema legato all'articolo 18, ma alla cattiva amministrazione della giustizia che tiene lontani gli investitori dal nostro Paese. Terzo problema: nel nostro Paese negli ultimi anni è mancata una politica industriale capace di leggere il futuro prossimo e di creare quelle condizioni affinché le medie e grandi aziende italiane pilotassero il cambiamento e riuscissero a rimanere attive e concorrenziali in primis sul mercato interno. L'Italia ha perso interi settori industriali negli ultimi lustri: la chimica è scomparsa, l'automobilistico ormai è ridotto al lumicino, il settore energetico è fragile e si potrebbe investire molto di più, ora è in crisi anche la moda, resiste l'agroalimentare a fatica, il turismo non è sfruttato al meglio, la cantieristica navale è agonizzante. Può un sistema Paese reggersi solo sul terziario? Quarto problema, quello fiscale. Non è di immediata e facile soluzione. Qui dirò solo che una pressione fiscale così elevata, sia per le aziende che per i lavoratori, non facilità gli investimenti degli imprenditori in Italia.

Punto terzo. Intendiamoci: la riforma del lavoro è necessaria tenuto conto che l'occupazione è in calo ormai da diversi anni e soprattutto la disoccupazione riguarda pesantemente i giovani, cioè coloro che dovranno sopportare il peso delle future pensioni. Pertanto la riforma del lavoro si collega automaticamente alla riforma del sistema pensionistico da un lato e deve presupporre una riflessione seria e approfondita sulla realtà economica attuale in cui si trova l'Italia. Non si può intervenire a gamba tesa su temi così delicati nel giro di un paio di mesi. Il Governo "tecnico" di Mario Monti non è stato chiamato a rivoltare l'Italia nel giro di un anno, ma solo a porre in atto, cosa che parzialmente ha già fatto, quelle misure straordinarie (e impopolari) che andavano prese per riportare la fiducia dell'Europa sulla serietà e capacità dei governanti italiani nell'affrontare la crisi economica, scongiurando un nuovo caso Grecia.

Va bene quindi porsi il problema della riforma del mercato del lavoro, ma il tema è di tale importanza che qualche riflessione più approfondita francamente credo che vada fatta.

Post del 26.02.2012

Scorrendo i titoli dei libri in vendita tra gli scaffali di una libreria, mi sono imbattuto, per caso (?) nell'interessante volume di Jonah Lynch, *Il profumo dei limoni*, sottotitolo: tecnologia e rapporti umani nell'era di Facebook.

Chi è Lynch? E' un giovane sacerdote, nato nel 1978, dopo essersi laureato in Fisica alla McGill University di Montréal, entra in seminario. Ha studiato filosofia e teologia all'Università Lateranense. E' sacerdote dal 2006. A Lynch, sin da piccolo deve essere sempre piaciuto il profumo dei limoni, ma cosa c'entrano i limoni con la tecnologia, si chiede l'autore? Leggiamo: "Un limone colto dall'albero ha la scorza ruvida. Più curato è l'albero, più ruvida è la scorza. Se la si schiaccia un poco ne esce un olio profumato e d'improvviso la superficie diventa liscia. E poi c'è quel succo asprigno, così buono sulla cotoletta e con le ostriche, nei drink estivi e nel tè caldo. Tatto, olfatto e gusto. Tre dei cinque sensi non possono essere trasmessi attraverso la tecnologia. Tre quinti della realtà, il sessanta per cento. Questo libro è un invito a farci caso".

Lynch innanzi tutto sente l'urgenza di affrontare questi argomenti ora, prima che scompaia l'esperienza diretta del mondo prima di Internet. Non si tratta di essere critici per forza verso le nuove tecnologie o di sostenerle a spada tratta dicendone solo bene, non è questo che Lynch si pone. Lynch semplicemente sostiene che i nativi digitali, quelli nati nell'era di Internet, non potranno essere maestri di se stessi.

L'autore vuole offrire il punto di vista di un cristiano. Che differenza c'è tra una risata fatta in compagnia o attraverso una chat? Perché negli USA le ragazze adolescenti inviano (in media) 4050 sms al mese e i ragazzi solo 2539? Che tipo di comunicazione può avvenire nei 160 caratteri ammessi da Twitter? Che cosa ne rimane fuori?

Per capire fino in fondo quest'opera occorre però aver preso coscienza dei problemi prima sollevati. Lynch ha compreso l'esistenza del problema quando gli è stato chiesto di curare gli alberi da frutto del giardino del seminario. Scrive: "mi sono accorto che avevo una premura irragionevole: volevo che le piante crescessero più in fretta, facessero albicocche a novembre e limoni a maggio". A qualcuno viene in mente qualche "gioco" o "attività" on line offerta da qualche social network?

Siamo tutti diventati vittime, il più delle volte inconsapevoli, di questa mentalità efficientista, dove solo il risultato conta. Ma per il risultato, insegnano le piante, ci vuole tempo.

Lynch chiude con questa interessante riflessione: "mi sembra altamente significativo che per incarnarsi Dio abbia scelto un momento della storia in cui non esistevano le comunicazioni di massa. E per di più, non ha scritto nulla. Ha voluto affidare l'intero futuro della Sua Chiesa alla testimonianza da persona a persona. Non si è sottratto al rischio della mediazione, al fatto che il suo messaggio dovesse passare per bocca altrui". E questo, sicuramente non è un caso.

Per chi volesse approfondire l'interessantissima lettura:

Jonah Lynch, *Il profumo dei limoni*, Edizioni Lindau srl, Torino

Post del 11.03.2012

Questo era il titolo dell'editoriale de *Il Sabato* in edicola il 20 gennaio 1990 (lo trovate pubblicato nella sezione "documenti" del mio blog Aldebaran). Per chi, giovane lettore, non lo conoscesse, *Il Sabato* è stato un settimanale che dal 1978 al 1993 ha commentato le vicende italiane, ma anche internazionali da un punto di vista originale, fuori dai soliti schemi, cattolico. Per caso mi è capitato sotto mano un vecchio raccoglitore dove avevo conservato gli editoriali letti che più mi avevano provocato.

La provocazione di quel gennaio 1990 riguardava la seguente domanda: aveva ancora senso l'antica pretesa cristiana di considerarsi l'unica risposta alle attese dell'uomo? Rileggendo l'editoriale de *Il Sabato*, il timore denunciato allora, appare oggi reale: cit. "Sullo sfondo l'avvento di una super religione trasversale, un umanesimo etico e spiritualista che non annulla affatto i diversi riti, le molteplici culture, le varie gerarchie, ma vive e si incarna in ciascuna di esse. Non inventa nuove formule dottrinali, o almeno così non pare. Più modestamente professa quelle Verità cui tutte le religioni in fondo partecipano, e che tutti gli uomini di buona volontà, al di là degli steccati confessionali, pur con linguaggi e simboli diversi, possono riconoscere: credenza in Dio o almeno nello Spirito, osservanza della legge morale, promozione di determinati valori umani."

Inutile negarlo, oggi viviamo, respiriamo un clima di "politically correct" in tutti i settori in cui è immersa la nostra quotidianità: sul lavoro con i colleghi, con gli amici che incontriamo e con i quali scambiamo generici punti di vista, ma anche in famiglia con il coniuge e con i figli ai quali trasmettiamo opinioni che possono essere spese a loro volta con tutti i compagni. L'importante è non urtare la sensibilità altrui. Più la società è diventata multietnica e quindi multi religiosa, più noi cattolici, per una falsa concezione di accoglienza dell'altro, il diverso da noi, abbiamo smesso di testimoniare l'unicità della venuta di Cristo, il Salvatore del mondo, il Figlio di Dio incarnatosi e realmente vissuto sulla terra in una precisa epoca storica. La Verità si è trasformata in multi verità e quindi in mille opinioni, tutte valide e proponibili alla società multicolore e multi etnica di oggi. L'importante è andare d'accordo con il vicino di casa, non urtare la sua sensibilità e la sua personale religiosità (che peraltro nessuno vuole urtare sia ben chiaro).

Questo "politically correct" è ben presente anche nella vita politica di questi ultimi anni dove, tra l'altro, ha comportato l'appiattimento dei programmi dei principali partiti popolari, tanto che oggi è molto difficile capire cosa differenzia una politica di centro destra da una politica di centro sinistra. Invece sui grandi temi quali aborto, eutanasia, diritto alla vita, concezione di famiglia, scuola, educazione, si lascia libertà di coscienza che è come dire: il partito su questi temi la pensa come la pensi tu, non abbiamo una verità, una posizione da proporti, decidi secondo la tua opinione ma poi continua a votarci perché insieme costruiremo un mondo migliore!

Cosa ne deriva? Ne deriva che il migliore dei mondi arriverà se tutto va bene domani, ma oggi la persona è sola di fronte al suo relativismo e alla sua possibilità di scegliere tra cento verità possibili, tutte uguali, tutte ugualmente inutili. Del resto oggi, rispetto al 1990, possiamo scegliere tra 1000 canali televisivi e se spostiamo la parabola possiamo catturare un nuovo satellite con altri 1000 canali...ma la domanda, il desiderio di conoscere perché il mio cuore oggi è triste, rimane senza risposta.

La scuola ai tempi dell' iPhone

La seconda opera del Professore Giuseppe Pelosi si intitola *Kuore, la scuola ai tempi dell'iPhone*.

Il tema è ben chiaro da subito: per fare scuola oggi occorre metterci il cuore. Ma chi lo deve mettere, il cuore? Gli insegnanti? Gli alunni? E i genitori, la famiglia sono chiamati in causa in questa relazione docente – discente?

Tutti questi interrogativi sono analizzati nel libro che si rivolge ai genitori interessati (praticamente tutti quelli che hanno un figlio di età compresa tra 0,1 e 17,9 anni) , agli insegnanti (perché parla della scuola di oggi, ma anche di quella che potrebbe essere domani) e a mio parere potrebbe essere letto anche dagli studenti delle superiori in possesso della maturità sufficiente per comprenderlo e contribuire, da subito, al cambiamento del modo di fare scuola oggi.

Numerosissime sono le riflessioni che il Prof. Pelosi ci regala in quest'opera, tutte interessanti. Il tema di fondo è la scuola di oggi con annessi e connessi (insegnanti, alunni, famiglia). La considerazione pubblica della scuola italiana non è ai massimi livelli, ma leggendo quest'opera un seme di speranza germoglia in noi. Speriamo che da questo seme cresca una giovane pianticella che poi, nel tempo, arrivi anche ad offrirci frutti commestibili (magari anche dolci e saporiti che non guasta...)

Riporto una citazione dalle ultime pagine del libro: "...una scuola è espressione della società che la genera e della cultura che vuole trasmettere." Questa affermazione, talmente vera che sembra ovvia, non è per nulla compresa dall'opinione pubblica che giudica negativamente la scuola italiana, che è fatta da insegnanti italiani, genitori italiani, alunni italiani. In sostanza abbiamo la scuola che vogliamo e che ci meritiamo, così come abbiamo i politici che ci scegliamo e che votiamo... Forse sarebbe ora che chi fa scuola (insegnanti, genitori, alunni) incominciasse a pensare alla scuola di domani, che incomincia adesso. Con l'aiuto di maestri, come il Prof. Pelosi, che nella scuola ci vivono più di noi che di mestiere facciamo solo i genitori...

Per chi volesse approfondire la lettura: Giuseppe Pelosi, *Kuore, la scuola ai tempi dell'iPhone*, Ancora Editrice – Milano

Post del 25.03.2012

Puntuale al termine che si era dato, il Governo ha presentato questa settimana agli italiani la riforma del mercato del lavoro. Il testo in questione, disponibile sul sito del Ministero del Lavoro, consta di 26 pagine. Dopo averlo attentamente letto, proviamo a fare alcune considerazioni.

La prima è di carattere generale ed è una domanda: era proprio necessaria una riforma del mercato del lavoro in questo momento storico in Italia? E questo Governo "tecnico" ha avuto il tempo necessario per studiare, analizzare e discutere il tema con tutte le parti sociali interessate (partiti, sindacati, organizzazioni imprenditoriali)? A nostro giudizio una riforma di tale importanza e complessità meritava una maggiore attenzione e riflessione da parte del Governo, soprattutto dopo che si è riformato in modo così deciso l'altro pilastro collegato, quello pensionistico che ha spostato in avanti almeno di cinque anni il diritto alla pensione di centinaia di migliaia di persone che erano già vicinissime all'età pensionabile e di dieci anni l'età per andare in pensione dei più giovani. La riforma del mercato del lavoro non è certamente un tabù, ma in questo momento più che riformare una materia riguardante una merce sempre più "rara", forse appare più urgente studiare e inventarsi soluzioni nuove che aiutino a creare nuovo lavoro e nuova occupazione in Italia, non in Serbia o in Polonia, non in Cina o Brasile, ma in Campania o in Calabria.

Arriviamo alle 26 paginette del testo approvato dal Governo, suddiviso in tre parti. La prima, quella che dovrebbe riformare l'entrata nel mondo del lavoro e quindi riguarda i giovani, a mio parere delude le aspettative. Nelle intenzioni espresse dal Governo, dovrebbe contribuire ad una maggiore stabilizzazione dell'occupazione giovanile spostando l'ago della bilancia, finalmente, verso i contratti a tempo indeterminato. Nei fatti, leggendo quanto contenuto nel documento, mi sembra che questa intenzione sia tutta da dimostrare e molto dipenderà dai controlli che verranno attuati per verificare il corretto comportamento e applicazione delle nuove norme da parte delle aziende. La mia impressione è che, fino a quando il lavoro sarà una merce rara, il coltello dalla parte del manico lo avranno le aziende, non i giovani in cerca di occupazione.

Ed ora arriviamo alla seconda parte, quella che riguarda la "flessibilità in uscita e tutela del lavoratore" come recita il testo. Qui la disciplina è più lineare e si capisce subito l'obiettivo che si pone il Governo. Nel caso dei licenziamenti oggettivi o economici, il testo recita: "ove accerti l'inesistenza del giustificato motivo oggettivo addotto, il giudice dichiara risolto il rapporto di lavoro disponendo il pagamento, in favore del lavoratore, di un'indennità risarcitoria onnicomprensiva, che può essere modulata dal giudice tra 15 e 27 mensilità di retribuzione, tenuto conto di vari criteri." Quindi nessun diritto al reintegro del posto di lavoro. Inoltre, per accelerare la risoluzione delle controversie in tema di licenziamento, il Governo propone, di concerto con il Ministero della Giustizia, di introdurre un rito speciale dedicato a tali controversie, così che il dipendente licenziato avrà subito il contentino economico, ma non più il lavoro e le aziende che hanno licenziato il dipendente per motivo oggettivo, potranno in breve tempo chiudere la pratica. Per le altre cause di licenziamento, quelli discriminatori e quelli soggettivi - disciplinari, nulla cambia. Ma è chiaro a tutti che un'impresa si guarderà bene da addurre come causa del licenziamento una discriminazione o un motivo soggettivo. L'onere della prova è a carico della parte più debole, cioè il lavoratore. Non mi pare ci sia da aggiungere altro.

Il testo prosegue con una terza parte riguardante la riforma degli strumenti relativi agli ammortizzatori sociali, ma qui si entra in un campo molto tecnico che francamente ci induce a sospendere il giudizio, fatto salvo quello di carattere generale. Un sostegno ai lavoratori che hanno perso il lavoro, soprattutto a quelli più anziani, ma che non hanno ancora maturato il diritto alla pensione occorre garantirlo. Ma occorrerebbe garantire anche una nuova opportunità lavorativa, sfruttando anche l'esperienza accumulata negli anni da questi lavoratori. In questo campo mi sembra che le Regioni e i Comuni possano svolgere un ruolo determinante, avendo una conoscenza capillare di quello che può offrire il proprio territorio in termini di sviluppo di nuove realtà imprenditoriali.

Il documento si chiude con dichiarazioni di principio riguardanti il diritto al lavoro dei disabili, il contrasto del lavoro irregolare degli immigrati, le politiche attive e i servizi per l'impiego, ma sono tutti enunciati teorici che dovranno poi trovare attuazione in successivi provvedimenti legislativi.

Nel complesso, a parte la radicale modifica dell'articolo 18 dello Statuto dei Lavoratori, non ci pare di scorgere nel documento significative innovazioni della materia del lavoro. Pensare (ma potrei dire sperare) che da questa riforma, così come impostata, possa arrivare una spinta allo sviluppo e alla ripresa economica ci sembra irreale.

A quali conseguenze andremo incontro se passasse una formulazione dell'articolo 18 così concepita? La mancata tutela del dipendente dal licenziamento oggettivo, che qualsiasi azienda potrà benissimo invocare creando ad hoc crisi aziendali "pilotate" per dimostrare che i licenziamenti sono necessari per evitare il trasferimento all'estero o la chiusura dello stabilimento, porterà con sé un peggioramento delle condizioni di lavoro dei dipendenti. Questo è facilmente intuibile; se alle Aziende viene aumentato il potere contrattuale rispetto ai lavoratori, questi ultimi in prospettiva subiranno una diminuzione in termini di diritti, tutele, sicurezze ed è anche ipotizzabile in termine di aumenti salariali. Ma questo aspetto, non considerato a quanto pare dal Governo, non va a vantaggio delle aziende che avranno una forza lavoro sempre meno motivata e propositiva mentre invece le aziende vincenti, quelle leader di mercato come si usa dire, in tutti i Paesi del mondo, ripongono nel "benessere" in senso lato del proprio personale un'arma strategica e vincente.

Per il momento mi fermo qui. Tantissime altre sono le considerazioni che si potrebbero fare e che abbiamo in parte già affrontato sulle pagine di questo sito. Il cammino della riforma, per fortuna, è ancora lungo prima che la stessa diventi Legge dello Stato in Parlamento e pertanto avremo altre occasioni per affrontare l'argomento nelle prossime settimane.

Un'ultima curiosità. Cosa direbbe Fantozzi al Mega Super Capo del Governo Mario Monti in merito alla riforma del mercato del lavoro?

Post del 31.03.2012

Dal *Vangelo secondo Giovanni, Cap. 19 v. 1 - 30*

Allora Pilato fece prendere Gesù e lo fece flagellare. E i soldati, intrecciata una corona di spine, gliela posero sul capo e gli misero addosso un mantello di porpora; quindi gli venivano davanti e gli dicevano:

"Salve, re dei Giudei!". E gli davano schiaffi.

Pilato intanto uscì di nuovo e disse loro: "Ecco, io ve lo conduco fuori, perché sappiate che non trovo in lui nessuna colpa".

Allora Gesù uscì, portando la corona di spine e il mantello di porpora. E Pilato disse loro: "Ecco l'uomo!".

Al vederlo i sommi sacerdoti e le guardie gridarono: "Crocifiggilo, crocifiggilo!". Disse loro Pilato: "Prendetelo voi e crocifiggetelo; io non trovo in lui nessuna colpa".

Gli risposero i Giudei: "Noi abbiamo una legge e secondo questa legge deve morire, perché si è fatto Figlio di Dio".

All'udire queste parole, Pilato ebbe ancor più paura ed entrato di nuovo nel pretorio disse a Gesù: "Di dove sei?". Ma Gesù non gli diede risposta.

Gli disse allora Pilato: "Non mi parli? Non sai che ho il potere di metterti in libertà e il potere di metterti in croce?".

Rispose Gesù: "Tu non avresti nessun potere su di me, se non ti fosse stato dato dall'alto. Per questo chi mi ha consegnato nelle tue mani ha una colpa più grande".

Da quel momento Pilato cercava di liberarlo; ma i Giudei gridarono: "Se liberi costui, non sei amico di Cesare! Chiunque infatti si fa re si mette contro Cesare".

Udite queste parole, Pilato fece condurre fuori Gesù e sedette nel tribunale, nel luogo chiamato Litòstroto, in ebraico Gabbatà.

Era la Preparazione della Pasqua, verso mezzogiorno. Pilato disse ai Giudei: "Ecco il vostro re!".

Ma quelli gridarono: "Via, via, crocifiggilo!". Disse loro Pilato: "Metterò in croce il vostro re?". Risposero i sommi sacerdoti: "Non abbiamo altro re all'infuori di Cesare".

Allora lo consegnò loro perché fosse crocifisso.

Essi allora presero Gesù ed egli, portando la croce, si avviò verso il luogo del Cranio, detto in ebraico Gòlgota, dove lo crocifissero e con lui altri due, uno da una parte e uno dall'altra, e Gesù nel mezzo.

Pilato compose anche l'iscrizione e la fece porre sulla croce; vi era scritto: "Gesù il Nazareno, il re dei Giudei".

Molti Giudei lessero questa iscrizione, perché il luogo dove fu crocifisso Gesù era vicino alla città; era scritta in ebraico, in latino e in greco.

I sommi sacerdoti dei Giudei dissero allora a Pilato: "Non scrivere: il re dei Giudei, ma che egli ha detto: Io sono il re dei Giudei".

Rispose Pilato: "Ciò che ho scritto, ho scritto".

I soldati poi, quando ebbero crocifisso Gesù, presero le sue vesti e ne fecero quattro parti, una per ciascun soldato, e la tunica. Ora quella tunica era senza cuciture, tessuta tutta d'un pezzo da cima a fondo.

Perciò dissero tra loro: Non stracciamola, ma tiriamo a sorte a chi tocca. Così si adempiva la Scrittura:

Si son divise tra loro le mie vesti e sulla mia tunica han gettato la sorte.

E i soldati fecero proprio così.

Stavano presso la croce di Gesù sua madre, la sorella di sua madre, Maria di Clèofa e Maria di Màgdala.

Gesù allora, vedendo la madre e lì accanto a lei il discepolo che egli amava, disse alla madre: "Donna, ecco il tuo figlio!".

Poi disse al discepolo: "Ecco la tua madre!". E da quel momento il discepolo la prese nella sua casa.

Dopo questo, Gesù, sapendo che ogni cosa era stata ormai compiuta, disse per adempiere la Scrittura: "Ho sete".

Vi era lì un vaso pieno d'aceto; posero perciò una spugna imbevuta di aceto in cima a una canna e gliela accostarono alla bocca.

E dopo aver ricevuto l'aceto, Gesù disse: "Tutto è compiuto!". E, chinato il capo, spirò.

Questo è il resoconto giornalistico, scritto da Giovanni, discepolo di Gesù, di come si svolsero i fatti in terra di Palestina il giorno della morte del Figlio di Dio, duemila anni fa. Oggi per noi cattolici di tutto il mondo questo resoconto è Vangelo.

Gesù è venuto sulla terra per dare risposta ai bisogni di significato e di felicità presenti nel cuore di ogni uomo, nato o che deve ancora nascere, come i 94 piccoli embrioni surgelati e azotati- bambini uccisi a causa di un guasto tecnico, un corto circuito occorso in un ospedale di Roma il 27 marzo 2012.

Quale motivazione, quale ragione ha potuto creare 94 esseri umani per poi rinchiuderli, surgelati, in un bidone pieno di azoto? Può il desiderio di diventare mamma o papà, essere soddisfatto arrivando a tanto? Il corto circuito non è accaduto all'impianto dell'Ospedale, ma è capitato nel cuore di tutti noi quando abbiamo messo i nostri desideri e i nostri giudizi davanti a tutto. La conseguenza è, oggi, una strage di vite -non vite senza un perché, senza senso.

Ripensiamo, in questa settimana che viene e che ci porterà alla Pasqua di Resurrezione, a Gesù, personaggio storico realmente esistito, l'unico uomo al mondo che si è detto Figlio di Dio.

Avvicinandoci a Lui possiamo riscoprire le ragioni del nostro pensare e del nostro agire e ritornare a comprendere qual è il vero Bene per noi.

Pensierini serali...

Due o tre pensierini della sera...

Il primo: riforma del mercato del lavoro. Nessuno sa come finirà l'affaire sull'articolo 18. Vincerà la Marcegaglia oppure la Camusso? Rimarrà la (brutta) formulazione così come è oggi oppure il Parlamento troverà il coraggio di legiferare su una materia così importante? Il cammino si presenta arduo e l'esito non è per nulla scontato. Una cosa appare chiara e viene confermata proprio in questi giorni da una multinazionale svedese del "fai da te" che sposta la produzione dall'Asia in Italia: non è l'attuale formulazione dell'articolo 18 a bloccare gli investimenti in Italia. Il perché si sia deciso di riformare praticamente solo l'articolo 18, rimane un mistero (o forse no?).

Secondo pensierino: i rimborsi elettorali ai partiti. Come mai in Italia servono gli scandali per mettere mano a situazioni che da anni risultano insostenibili? L'attuale gestione dei rimborsi pubblici ai partiti politici per le spese elettorali sostenute va avanti da anni. Perché serve lo sprone della Magistratura per sollecitare i partiti ad apportare modifiche a norme che francamente sono imbarazzanti anche solo da pensare. Perché se spendo 100 per la mia campagna elettorale, lo Stato mi deve rimborsare 500?

Terzo pensierino: forse il più triste. Notizia di oggi: il Fondo Monetario stima che nel 2050 se la vita media si allungherà di tre anni, i costi per sostenere l'invecchiamento della popolazione aumenteranno del 50%. Soluzione: (visione capitalista) per esempio una bella pensione integrativa privata per coprire in parte questi costi garantendo i rischi per lo Stato e assicurare nel contempo un adeguato tenore di vita ai brillanti vecchietti. Sperando che l'Assicurazione non venga travolta da qualche crisi finanziaria internazionale oppure i suoi Manager non compiano qualche investimento azzardato ... Ma ci potrebbe essere anche qualcuno che propone un'altra soluzione: (visione da Quarto Reich) perché aumentare la vita media di tre anni se questo comporta una diminuzione del mio benessere e dei miei benefits già da ora? E poi, perché curare quei malati terminali che costano così tanto al Servizio Sanitario e sono destinati a morte sicura (per esempio i malati terminali di SLA). E poi scusate, perché far nascere bambini deformi o malati destinati magari a vivere qualche anno e poi morire? Sono costi inutili che in periodo di crisi economica non possiamo più permetterci. Proseguiamo?

Per un reale cambiamento della situazione attuale occorre fare un passo laterale e mettere al centro della discussione l'idea di uomo che abbiamo e quindi l'idea di società che vogliamo costruire, non partendo dall'economia o dalla finanza, ma dagli ideali in comune che vogliamo realizzare. Solo così si scatenano le forze migliori di ognuno di noi e la realtà ne esce cambiata, anche quella economica e finanziaria.

Scriveva Chesterton nell' *Uomo Comune*: "Il problema maggiore di quella che si autodefinisce "mentalità moderna" sono i binari, la nostra abitudine a essere soddisfatti di stare nei binari perché ci viene detto che sono binari di cambiamento".

Proviamo, ciascuno di noi, ad uscire dal nostro binario e percorrere un pezzo di strada nuovo.

Nuovi partiti o nuovi politici ?

Una moda sembra essersi imposta, non da ora, nel panorama politico nazionale: cambiare nome ai partiti politici per restare al passo con la società civile perché, per definizione, è lei (la società civile) al passo con i tempi, mentre i partiti politici sono rimasti indietro (rispetto ai tempi). La formulazione della frase rispecchia volutamente lo stato confusionale attuale! Ma, mi domando: i partiti politici non sono associazioni di uomini e donne che provengono dalla società civile? O sono forse dei chierici o dei religiosi? E come fanno questi uomini, quando vestono i panni di uomini politici a rimanere indietro rispetto ai tempi che viviamo mentre quando rimettono gli abiti civili restano al passo (con i tempi)?

Queste mutazioni, più o meno genetiche, investono tutti i più grandi partiti italiani, quelli che una volta si definivano popolari. Personalmente ritengo che ormai il popolo italiano abbia compreso che non serve cambiare il nome di un partito, quando le persone che lo rappresentano nelle assemblee elettive e lo indirizzano politicamente sono le stesse da decenni. Piuttosto che cambiare il nome di un partito direi che sarebbe venuto il momento di cambiare il nome delle persone che rappresentano quella forza politica in modo tale da ottenere un ricambio generazionale che significa anche ricambio di idee e soprattutto maggiore garanzia di moralità all'interno del partito e quindi dello Stato.

L'occasione che si presenta al governo Monti in questo senso è veramente unica: riformare il meccanismo di elezione dei cittadini nei diversi livelli di rappresentatività in modo tale da garantire da un lato un progressivo e sempre crescente livello di competenza nella gestione della Cosa Pubblica e dall'altro ridurre molto la tentazione di ricercare il proprio bene, o quello del partito e non il Bene Comune. Mi spiego: dal compimento della maggiore età, un cittadino potrebbe essere eleggibile dapprima nei Comuni, per un massimo di due mandati. Esaurito il primo mandato potrebbe però candidarsi al consiglio provinciale oppure a quello regionale, sempre per un massimo di due mandati. Successivamente potrebbe candidarsi al Parlamento nazionale, prima come deputato, sempre per due legislature. Esaurita la prima legislatura potrebbe, se lo volesse, candidarsi al Senato della Repubblica, per un massimo di due legislature. Esaurito questo cursus honorum, penso che la Repubblica

Italiana non possa far altro che congratularsi con questo italiano che ha dedicato almeno venti anni della sua vita al Bene Pubblico e magari lo possa anche ricompensare con una dignitosa pensione. E poi questa persona avrebbe davanti a sé una nuova vita da vivere e potrebbe, se lo volesse, mettere a frutto l'esperienza maturata nei venti anni precedenti come consulente di alto livello oppure candidarsi al Parlamento Europeo, ma questa sarebbe un'altra storia che ci riguarda meno. Con la Repubblica Italiana questo cittadino prestato alla politica avrebbe cessato il proprio rapporto di rappresentanza.

Qualcuno ha qualcosa da obiettare a questa impostazione? Non si sta dicendo che il politico in questione debba cessare di fare politica, la qual cosa sarebbe una limitazione fortissima della propria libertà individuale e anche contraria alla Costituzione. Si sta dicendo che la forma in cui si può incanalare il suo fare politica, non passa più attraverso le cariche pubbliche elettive della Repubblica Italiana che ha già ottenuto il meglio dal cittadino politico nei suoi primi venti anni di attività ... Credo che con qualche "aggiustamento", una regolamentazione in tal senso dell'attività politica possa riavvicinare soprattutto i giovani che sono ormai lontani anni luce da questo mondo. Infatti, senza l'impegno dei giovani il Paese è destinato sempre più a diventare un Paese rivolto verso il proprio ombelico, senza futuro e in mano a vecchi papponi che vogliono apparire eternamente giovani.

Nello scorso mese di marzo è uscito il nuovo lavoro di Antonio Spadaro: *Cyberteologia*, sottotitolo: pensare il cristianesimo al tempo della rete. Con quest'opera Spadaro si conferma tra i principali studiosi italiani dei rapporti tra il w.w.w. e la religione cristiana, tra la rete e la teologia cattolica, cioè universale, come la rete.

In poco più di centotrenta pagine il gesuita direttore de "La Civiltà Cattolica" analizza i cambiamenti che inevitabilmente sono intervenuti nel nostro modo di pensare e di agire dall'affermarsi della rete. "La rete" scrive Spadaro nell'introduzione, "non è uno strumento, ma un ambiente nel quale noi viviamo". ..."E se abbiamo uno smartphone acceso in tasca siamo sempre dentro la rete".

La domanda quindi è, se la rete cambia il nostro modo di pensare, cambierà, o è già cambiato, anche il nostro modo di vivere la fede? Da questo incipit prende avvio l'analisi profonda, acuta e originale dell'autore. Vengono declinati i "paradigmi" che caratterizzano la rete e che, al momento, ne determinano lo sviluppo: i motori di ricerca, la visione shuffle, il sistema push e quello pull, le applicazioni Instapaper e così via.

Ciò che a Spadaro interessa mettere in luce è che "la sfida dunque non deve essere come usare bene la rete, come spesso si crede, ma come vivere bene al tempo della rete. In questo senso la rete non è un nuovo mezzo di evangelizzazione, ma innanzi tutto un contesto in cui la fede è chiamata ad esprimersi non per una mera volontà di presenza, ma per una connaturalità del cristianesimo con la vita degli uomini" (pag. 22).

Che tipo di Chiesa è presente in rete? Una Chiesa liquida, senza autorità, una Chiesa hub? Spadaro, pur sensibile alle novità che la rete porta con sé, rimane in comunione a ciò che la Chiesa da sempre insegna agli uomini e cioè che è impossibile che la realtà virtuale sostituisca l'esperienza reale di una comunità cristiana visibile e storica, così come non è possibile sperimentare in rete i sacramenti e le celebrazioni liturgiche. Nel libro sono molteplici i riferimenti a documenti vaticani che testimoniano ciò.

Quello che emerge dalle pagine del libro è l'amore che la Chiesa porta al creato, creato da Dio, e il desiderio che nulla rimanga inesplorato e dimenticato. Ne consegue che il cristiano è chiamato a testimoniare anche nella rete la gloria di Dio e la risposta vivente ai bisogni dell'uomo che è Cristo. In questo senso il concetto di "testimone" e "testimonianza" nella rete merita una seria riflessione da parte di ogni cristiano che naviga nel web.

Per concludere: "La cultura digitale pone nuove sfide alla nostra capacità di parlare e di ascoltare un linguaggio simbolico che parli della trascendenza. Gesù stesso nell'annuncio del Regno ha saputo utilizzare elementi della cultura e dell'ambiente del suo tempo: il gregge, i campi, il banchetto, i semi e così via. Oggi siamo chiamati a scoprire, anche nella cultura digitale, simboli e metafore significative per le persone che possono essere di aiuto nel parlare del Regno di Dio all'uomo contemporaneo". Questo libro è un'esaltazione, nel senso di valorizzazione, degli aspetti positivi che si trovano nella rete ed è scritto con tanta passione per l'ingegno dell'uomo che ha creato il w.w.w. , nuova frontiera, nuova terra di missione per il cristiano del ventunesimo secolo.

Completa l'opera una ricca Bibliografia che testimonia ulteriormente, se mai ce ne fosse bisogno, l'importanza di quest'opera che porta seco anche il dono della sintesi.

Per chi fosse interessato alla lettura (consigliata): Antonio Spadaro, *Cyberteologia* , Casa Editrice Vita e Pensiero – Milano 2012

Narrare: percorso di umanizzazione

Ho appena terminato di leggere l'interessante saggio di Massimo Diana dal titolo: *Narrare: perché e come raccontare le storie ai bambini* .

Il libro raccoglie gli articoli apparsi negli ultimi tre anni scolastici 2008 - 2009 - 2010 e 2011 sulla rivista L'Ora di religione.

Ne è uscita un'opera davvero interessante per noi genitori, per gli insegnanti, ma anche per tutti coloro che vogliono approfondire i legami e le connessioni esistenti tra il raccontare una storia, una favola e l'essere umano, adulto o bambino che sia.

Scrive l'autore all'inizio del libro: "Possiamo, in generale, comprendere tutte le storie e le narrazioni dell'umanità come, contemporaneamente, una via a Dio, al mondo ultraterreno, al mondo del senso e del significato, all'Assoluto, ma anche una via alla propria umanità: le narrazioni sono percorsi di umanizzazione. Esse insegnano che cambiare è possibile, che diventare uomini o donne migliori è possibile ed è alla portata di tutti e di ciascuno."

Ma di cosa parlano le narrazioni? Quali sono gli eterni e universali problemi che tutti noi, uomini o donne, prima o poi incontriamo nel corso della nostra vita? Due sono, per l'autore, in ultima analisi i temi trattati nelle narrazioni: imparare ad amare e prepararsi a morire. Dall'introduzione di questo argomento centrale il volume si addentra nei risvolti culturali, psicologici e storici fornendo acute riflessioni e diversi punti di vista che ci educano ad aprire lo sguardo verso nuovi pensieri. Non mancano esempi presi dalla Bibbia, dalla letteratura, dal cinema e dai miti arcaici per meglio descrivere i concetti esposti.

Oltre il titolo, il volume si rivolge agli educatori tutti, professionisti e per vocazione. Cosa vuol dire educare allora, si chiede alla fine dell'opera l'autore? Ecco la risposta di Diana: "vuol dire aiutare a immaginare altrimenti. Questa è la grande nobiltà e dignità umana: che è sempre possibile in qualunque situazione, immaginare altrimenti, cioè vedere le cose da un'altra prospettiva e acquisire un nuovo sguardo sulla realtà".

Non è certamente, a mio modo di vedere le cose, una definizione esaustiva del termine educazione, ma è comunque un buon punto di partenza, per tutti.

Per chi volesse leggere l'opera (lettura che consiglio) :

Massimo Diana, *Narrare – perché e come raccontare le storie ai bambini*, Editrice Elledici, Torino 2011

Post del 22.05.2012

La politica si fa con i numeri. Questa sera, per commentare i risultati delle elezioni amministrative italiane di questo maggio 2012 (V anno di crisi) userò una sola percentuale: il 60% degli aventi diritto al voto non si sono recati alle urne. Significa che sei italiani su dieci hanno ritenuto di non avere una motivazione valida per esprimere il proprio voto in elezioni amministrative, dove di solito è più forte l'interesse e il legame che unisce il cittadino al proprio territorio. Proviamo ad immaginare quale sarà l'affluenza alle urne per le elezioni politiche in prospettiva tra un anno? A meno che … a meno che i leaders dei partiti politici non aprano gli occhi in zona cesarini e in questi pochi mesi che mancano alla prossima campagna elettorale non facciano tre cose.

Primo: cambiare la legge elettorale e permettere ai cittadini di scegliere con la preferenza il proprio candidato, il quale sarebbe auspicabile non abbia alcun tipo di pendenze in corso con la giustizia (qui si fa appello al senso dello Stato dei partiti politici).

Secondo: ridurre il numero dei parlamentari da eleggere ampliando l'estensione territoriale dei collegi elettorali. E' una riforma costituzionale che abbiamo visto questo Parlamento riesce a fare benissimo se vuole (vedasi inserimento del pareggio di bilancio nella Carta Costituzionale votato in aprile).

Terzo: dalle prossime elezioni politiche ridurre il rimborso elettorale, collegandolo sia alle spese effettivamente sostenute dai partiti e sia in misura proporzionale al numero dei voti ottenuti, fissando però un tetto massimo ai rimborsi. Il resto è auto finanziamento non a carico delle casse pubbliche. Le spese poi dovranno essere verificate da un organismo al di sopra di ogni sospetto (es. la Corte dei Conti).

Chiedere di più, visti i tempi stretti, a questo Parlamento di "prescelti", francamente sarebbe irrealistico. Ma tant'è, se i nostri rappresentanti riuscissero almeno a portare a termine queste tre piccole grandi riforme, forse potrebbero recuperare il legame con gli elettori che sono stati a guardare in questa tornata elettorale. Il leader PDL Alfano ha dichiarato che gli italiani aspettano una nuova offerta politica: verissimo. Allora perché non provare ad offrirla loro portando avanti queste tre riforme, finché c'è il tempo per parlarne e discuterne con gli altri leaders politici? Perché una cosa è certa: se ciò non venisse fatto, tutti i partiti sarebbero travolti dal voto politico, sia che si voti in autunno sia che si voti la prossima primavera. E allora forse si aprirebbero scenari del tutto imprevedibili ...

Se ci dimentichiamo che l'autore, Giulio Tremonti, è stato Ministro dell'Economia in tutti i Governi Berlusconi nonché personalità di spicco del mondo economico finanziario riconosciuta a livello internazionale, se ci scordiamo che per quasi una ventina d'anni è stato nella cabina di regia della politica italiana ed europea, beh, se ci dimentichiamo tutto ciò, allora l'ultimo libro scritto dall'ex ministro (*Uscita di sicurezza*, editore Rizzoli , prima edizione gennaio 2012) sembra scritto da un uomo, da un economista fuori dagli schemi e dalle logiche che hanno governato l'Italia e l'Europa in questi ultimi anni. E' come se il Capitale fosse stato scritto da Adam Smith e non da Carl Marx, tanto per intenderci.

L'opera inizia con questa frase: "Alla base del mercato finanziario c'è un'ideologia potente e dominante che tende ad azzerare la parte migliore della natura umana, riducendo la vita nell'economia e l'economia nella finanza, un mostro che oggi si alimenta divorandoci e infine divorandosi" (pag. 8).

Nel libro sono raccontati fatti, episodi e riflessioni che l'autore ha visto e vissuto negli ultimi cinque anni, dal 2007 ai nostri giorni. L'analisi è lucida e in certi tratti anche dura e schietta. Per Tremonti alla base della crisi attuale ci sono stati tre tragici errori compiuti dalla politica: non si è compreso la differenza tra un normale ciclo economico e una crisi storica; si è pagato con denaro pubblico il conto dell'azzardo privato e infine si sono scambiate regole false per regole vere.

Una parte importante del libro è dedicata all'attuale epoca della globalizzazione, con il potere acquisito dalla grande finanza ormai anch'essa globalizzata e quindi de-responsabilizzata per arrivare agli attuali temi riguardanti il futuro della moneta unica e della stessa unità europea.

L'opera si chiude con le quattro proposte, le quattro ipotesi come le chiama Tremonti, per cercare di uscire dalla crisi attuale. Ipotesi sensate, ipotesi discutibili, ma comunque destinate a far prendere alla politica una posizione, posto che il non far nulla di fronte alla crisi ci porterebbe sicuramente dritti alla catastrofe. Questa è in ultima analisi la posizione dell'ex ministro, posizione che noi sinceramente condividiamo. E' evidente come, nei fatti, dal 2007 ad oggi si sia continuato con le vecchie politiche

che hanno originato questa crisi e non si sia fatto nulla per cercare nuove vie d'uscita.

A questo punto però, rivolgerei all'autore solo una domanda: ma chi poteva suggerire nuove strade da proporre al Governo italiano e agli Organismi direttivi della Comunità europea: il sottoscritto o un uomo come Giulio Tremonti?

Giulio Tremonti, *Uscita di sicurezza*, Rizzoli editore

Platone nasce ad Atene nel 428 prima di Cristo. Aristotele, suo allievo, nasce a Stagira nel 384.

Bastano questi due nomi per far emergere dalla nostra memoria il ricordo del contributo offerto alla formazione del pensiero europeo da parte della Grecia. E non parliamo di un contributo vecchio di 2.500 anni. Senza il pensiero e gli scritti di Platone e di Aristotele la nostra attuale civiltà "occidentale" sarebbe diversa.

Cosa voglio significare con questo inizio? Semplicemente che oggi l'Europa, meglio, l'Unione europea non può trattare la Grecia, i Greci, come l'ultima ruota del traballante carro europeo. Il popolo greco merita più rispetto per il proprio passato e per il presente, carico di difficoltà non completamente a lui imputabili.

Dopo quasi sette anni di "cura" economica - finanziaria da parte degli organismi europei, è evidente che la terapia prescritta alla Grecia è stata sbagliata, quantomeno nei tempi, ma probabilmente anche nel metodo. Non si può inasprire la tassazione e chiedere rigore fiscale e tagli di salari e pensioni pretendendo in pochi anni di risanare il bilancio pubblico di un Paese di poco più di dieci milioni di abitanti senza importanti imprese produttive e senza materie prime da sfruttare. Non ci vuole una laurea in economia per capire ciò, basta il buon senso. Per esempio i miliardi di euro concessi alla Grecia in questi sette anni, in cambio del rigore nei conti pubblici che ha prodotto solo altra crisi, senza crescita e sviluppo, sono molto inferiori a quelli concessi, dalla BCE tra la fine del 2011 e l'inizio del 2012, alle banche europee, senza però che queste banche venissero nazionalizzate e senza curarsi in che modo queste banche spendessero le risorse ricevute. Non è stata imposta loro nessuna politica di ridimensionamento, di austerity, di rigore nel comportamento da tenere nei confronti della finanza non regolamentata (OTC).

Occorre quindi affrontare il problema con un'altra ottica, se lo si vuole risolvere. Occorre ammettere che si è sbagliata la cura e occorre fare scelte politiche europee differenti se si vuole evitare che la situazione greca precipiti e trascini con sé problemi ben più seri e gravi che minerebbero alla radice la tenuta della stessa Unione europea con la sua moneta unica.

Un giorno gli storici ci spiegheranno che cosa non ha funzionato nei primi dieci anni di vita della moneta unica. Certamente oggi, al di là dell'esito delle elezioni politiche che si terranno in Grecia domenica prossima, che più che elezioni hanno il sapore di un referendum, pro o contro il rigore chiesto dalla troika europea, tutti noi ci auguriamo che l'Unione europea sappia trovare un nuovo modo di affrontare la situazione greca. Il bene comune europeo deve prevalere sugli interessi, spesso ancora contrapposti, dei principali Stati europei.

Altrimenti occorre avere il coraggio di ammettere che l'unione politica - economica degli Stati che compongono il Vecchio Continente era solo utopia. Di questo fallimento i responsabili sarebbero solo gli attuali politici europei che si stanno rivelando miopi ed incapaci di mettere in campo idee nuove per affrontare sfide nuove. I popoli, i giovani europei chiedono più Europa, non meno Europa.

Come scrisse Thomas Mann, in tempi diversi dai nostri, ne *La montagna incantata*, (1924): "L'Europa è la terra della ribellione, della critica e dell'attività riformatrice". Credo che questa riflessione sia valida anche oggi. Penso che oggi sia arrivato il tempo di ribellarsi a questo presente opaco, di criticare quello che è stato fatto sino ad ora, ma sia anche il tempo di riformare e far nascere una nuova idea di Unione europea, più vicina ai popoli e meno ai politici burocrati e alla finanza. E domenica 17 giugno non possiamo non sentirci vicini ai cittadini ateniesi.

L'Europa è salva, ma la Grecia?

L'Europa è stata "salvata" dal voto greco del 17 giugno, ma la Grecia sarà riuscita anche a salvare se stessa?

In tanti speravano che le elezioni in Grecia andassero come in effetti sono andate, con la vittoria dei partiti pro euro, ma forse in pochi ci credevano veramente. Ed ora, cosa è cambiato dopo questo voto?

Certamente la speculazione finanziaria per qualche tempo si calmerà, smetterà di far sentire la sua morsa sui mercati e sulle Borse, ma poi? Poi usciranno i dati sul PIL greco del secondo trimestre del 2012 e poi del terzo trimestre e poi di fine anno e non penso che i dati saranno confortanti … E intanto il Governo greco avrà varato manovre a favore della crescita e dello sviluppo economico per aziende che non esistono più, che hanno licenziato i dipendenti e che sono fallite. Questo è lo scenario se le cose andranno avanti così come ora. Il dramma è che le cose andrebbero altrettanto male se la Grecia alla fine decidesse di uscire dalla moneta unica. Andrebbero male per i Greci e andrebbero male anche per l'Europa.

E allora che fare?

Occorre fare un passo avanti verso un'integrazione europea che sia più politica di quella di cui disponiamo ora. Tutti i Paesi, ad incominciare dalla Germania, se vogliono veramente uscire da questa crisi che non è solo finanziaria ed economica, ma anche di ideali e di sfiducia nella capacità politica dell'Europa di parlare al mondo con una sola voce, devono rinunciare ad un pezzetto di sovranità e cederla alle Istituzioni europee.

Solo così l'Europa sarà in grado di interrompere la spirale speculativa, parlando con una sola voce. Solo quando avremo trovato il modo di armonizzare le economie delle diverse regioni europee, quando avremo unificato il controllo del territorio (esercito unico), quando avremo unificato la politica fiscale e ridistributiva del reddito, quando avremo una politica estera unica e non divisa come oggi, pronta a difendere ancora i singoli interessi nazionali, solo allora l'Europa sarà riconosciuta agli occhi del mondo come un unicum, come una vera Unione Federale di Stati sul modello degli Stati Uniti d'America.

Avere una moneta unica senza tutto questo alle spalle non serve a nulla. Serve solo a rafforzare, all'interno dell'Unione, le economie più forti e con meno deficit a scapito di quelle dei Paesi più indebitati e con problemi strutturali.

E' ora che tutti noi, cittadini europei, prendiamo coscienza di questa verità. Del resto, se ci voltassimo indietro e riguardassimo il film dei nostri ultimi 65 anni, rimarremmo stupiti del cammino fatto dalla fine della Seconda Guerra mondiale e del benessere sia spirituale che materiale raggiunto. Certo non si può crescere all'infinito senza fermarsi e senza riflettere su dove vogliamo andare.

Il mondo di oggi non è più quello di 65 anni fa. Quindi è giusto e ragionevole fermarsi e riflettere perché da questa crisi potrebbe nascere una nuova Europa più forte e più unita di prima. E questo dobbiamo augurarcelo maggiormente noi italiani, perché il panorama politico interno lascia poche speranze per il futuro dei nostri figli...

Scriveva nel 2008 Gustavo Zagrebelsky ne *Contro l'etica della verità*: "Se mai l'Europa si darà una vera Costituzione, sarà quando avrà intrapreso una profonda riflessione su se medesima, ancora una volta a confronto con l'America. Questa volta per rispondere alla domanda: chi davvero noi siamo, che cosa davvero ci distingue, sempre che si voglia essere qualcuno e qualcosa, e non una semplice propaggine."

E noi, che Europa siamo?

I compiti a casa...

Per uno strano scherzo del destino, mentre agli europei di calcio Italia e Spagna si conquistavano sul campo di calcio il diritto a disputare la finale (con l'Italia che ha sconfitto per 2 a 1 proprio la Germania), su un altro campo il Primo Ministro spagnolo e quello italiano, insieme, vincevano la sfida contro la Cancelliera tedesca e contro la sua politica di austerity senza se e senza ma.

Un po' tutti i giornali, i media e i politici italiani avevano presentato il vertice di Bruxelles del 28 e 29 giugno come l'ultima occasione per segnare un cambio di passo e mandare segnali concreti ai mercati finanziari sulla volontà dell'Europa di reagire e di far sentire all'unisono la sua voce. Il problema era che le posizioni di partenza sulle cose da fare erano molto divergenti. Alla fine ha prevalso la linea di Spagna e Italia che, con l'aiuto della Francia di Hollande, proponevano, per uscire dalla crisi, i meccanismi "salva spread" e il patto per la crescita prima del rigore fiscale e dei tagli di spesa.

Complimenti quindi al nostro Premier Mario Monti che è sempre più amato e rispettato all'estero, mentre in Italia l'idillio con il popolo sembra essersi interrotto. Ho scritto popolo, ma avevo in mente la parola partiti politici, soprattutto quelli che sostengono il Governo Monti. E' chiaro che, giunti a questo punto, la situazione politica italiana è ad un bivio: o si tiene in vita il Governo Monti sino alla prossima primavera, lasciando che, soprattutto in Europa dove è stimato, concluda il lavoro iniziato per cercare di ottenere una politica europea più attenta ai Paesi sottoposti alla speculazione dei mercati oppure in Parlamento le forze politiche votano contro uno dei prossimi provvedimenti sui quali verrà posta la fiducia e quindi Monti ne trarrà la conclusione inevitabile: dimissioni. Ma quale forza politica si assumerà il rischio di sfiduciare il Governo Monti?

Certamente i provvedimenti sin qui presi, dalla riforma delle pensioni a quella del lavoro non hanno accontentato gli elettori dei partiti che sostengono il Governo, ma è stato detto che erano provvedimenti che ci chiedeva l'Europa e l'Italia doveva svolgere i suoi compiti a casa per non finire come la Grecia sull'orlo del fallimento. Ma ora i compiti a casa sono stati (in parte) eseguiti e l'Europa si è accorta di questo e ci ha premiato a

Bruxelles lo scorso week end. E allora, incominciano a chiedersi i politici, ha ancora senso sostenere il Governo Monti per altri nove mesi?

La verità è che i compiti a casa nostra non sono ancora finiti e quelli sin qui svolti non ci sembrano essere tutti corretti, ci vorrebbe un maestro che li riguardasse e segnasse in rosso le parti da rivedere. Ma dove lo troviamo un maestro capace e onesto che sia in grado di gestire una classe di politici indisciplinati e furbetti, ognuno intento a difendere il proprio orticello e per nulla interessati al bene comune degli italiani?

E se ci rivolgessimo al mister Prandelli?

I più fortunati hanno già terminato, per gli altri ancora pochi giorni per un ultimo "matto" ripasso (che serve a poco) e poi anche loro saranno in vacanza. E dopo, cari ragazzi, per chi di voi ha deciso di continuare a studiare, vi aspetta l'università. I giornali e le riviste di attualità, come ogni anno, vi illustreranno con dovizia di particolari tutte le infinite possibilità che offrono le migliori università italiane e straniere dando risalto ai docenti che vi insegnano e alle possibilità di luminose carriere professionali che possono offrire a chi riesce a laurearsi. I guru dell'informazione vi spiegheranno quali sono i corsi di laurea che offrono le migliori opportunità di trovare un lavoro con una rapida possibilità di carriera e via così.

Due pensieri vorrei trasmettervi in proposito, ma prima una premessa. Mi sono diplomato nel 1985 (maturità scientifica) e la scelta del corso di laurea è stata per me molto faticosa e per molti mesi la mia testa era come avvolta in una nebbia fitta che non lasciava passare neanche un raggio di sole. Alla fine ho scelto ed oggi a 46 anni (tra pochi giorni) e a 21 anni dalla Laurea, posso dirvi che, se potessi tornare indietro, non rifarei la scelta fatta.

Per questo vorrei lasciarvi questi due pensieri: il primo. La scelta di cosa studiare all'università è la vostra prima scelta veramente da adulti. Essa implica la decisione di dedicare almeno 4 - 5 - 6 anni di studio intenso ad un settore del sapere che vi attira, che vi stimola e che desiderate approfondire e conoscere meglio. Questo stesso settore un domani non tanto lontano, molto probabilmente, vi vedrà impegnati come giovani lavoratori e a quel punto i giochi sono fatti. Il lavoro è l'attività umana attraverso la quale il vostro essere uomini e donne si affermerà e si svilupperà. Svolgere un'attività che non vi corrisponde può essere una condanna peggiore di quella che può capitare ad un delinquente che riceve una giusta condanna dal Tribunale per i reati commessi. Non iscrivetevi a Medicina solo perché vostro padre è medico e vi invita a seguire le sue orme, non iscrivetevi a Giurisprudenza solo perché vostro padre è avvocato ed è titolare di uno studio legale, non scegliete Economia e Commercio solo perché vostra madre è commercialista ed ha uno studio avviato... La scelta dell'università è una scelta vocazionale. Se desiderate veramente lavorare per curare le persone ammalate, allora iscrivetevi a Medicina, altrimenti lasciate perdere. Magari grazie alle conoscenze della vostra famiglia riuscireste anche a superare il test d'ingresso con facilità, ma non supererete mai, neanche tra venti o trenta anni, il test della vostra felicità interiore per uno studio che vi è stato imposto. Seguite la scelta che vi detta il cuore. Se i vostri insegnanti sono stati dei veri maestri, gli anni delle scuole superiori dovrebbero essere serviti a svelarvi le vostre attitudini e i vostri reali interessi. Seguiteli, dategli fiducia, datevi fiducia. Quando si forza la realtà, si compiono solo dei danni. E questo vale in tutti campi, sia quando si parla della Natura, sia quando in gioco ci sono le scelte personali. Abbiate il coraggio di volervi bene e di sostenere la vostra scelta e vedrete che i vostri genitori, che vi vogliono bene, vi sosterranno. Solo dopo aver scelto la facoltà, si potrà pensare quale università frequentare considerando tutti i fattori personali in gioco.

Secondo: i prossimi anni saranno unici ed irripetibili per ciascuno di voi. Approfittatene anche per approfondire al massimo lo studio dell'Inglese, ormai lingua universale al posto dell'esperanto, oltre ad un'altra lingua straniera, se riuscite. Il vostro futuro sarà molto probabilmente un futuro più internazionale di quello che hanno avuto i vostri genitori e l'Inglese è la lingua parlata in tutto il mondo. Sfruttate le possibilità offerte dalle università per viaggiare e sostenere esami in università straniere. Insomma l'invito è studiate e conoscete il mondo che vi circonda. Voi sarete la futura classe dirigente di un Paese che ora è malato, soffre non tanto di una crisi economica, ma di una crisi di identità, una crisi di valori. Per curarlo servono giovani che siano contenti del lavoro che svolgono, ciascuno nel proprio settore, ben motivati e volenterosi. Ma per essere ben motivati e volenterosi nel proprio lavoro, occorre amarlo. Oggi pochi amano il lavoro che svolgono ed anche questa è, a mio giudizio, una delle cause della crisi che stiamo vivendo. Ma non voglio divagare oltre ...

Vi saluto con un suggerimento. Se non l'avete già visto, cercate il film di Peter Weir, *L'attimo fuggente*. Questo film fu campione d'incassi nella stagione 1989 - 1990 e vinse il premio Oscar per la sceneggiatura di Tom Schulman. Guardatelo e meditate.

Auguri ragazzi!

Post del 15.07.2012

Ha citato Pascoli il super fedelissimo di Mario Monti, Pierferdinando Casini, per commentare la ridiscesa in campo del Cavaliere: "C'è qualcosa di nuovo oggi nel sole, anzi d'antico ..." Gli esponenti del centro sinistra invece hanno usato termini meno poetici.

Personalmente, non abbiamo mai creduto ad una ritirata del Cavaliere dalla politica, non ancora almeno, non ora. I motivi sono molteplici, ma principalmente sono i medesimi che lo hanno spinto venti anni fa a scendere per la prima volta in politica.

Il 1 novembre 2011 (cioè prima delle dimissioni del Governo Berlusconi) il prezzo ufficiale del titolo Mediaset alla Borsa di Milano era di 2,5144 euro per azione. Venerdì 13 luglio 2012, ultima giornata ufficiale della Borsa di Milano prima di oggi, il prezzo di un'azione Mediaset è stato di euro 1,2591 per azione. Il calo è del 49,92% Ma c'è di più, dal sito internet istituzionale di Mediaset è possibile scaricare il pdf di presentazione dei dati dei primi 4 mesi del 2012: i ricavi da pubblicità rispetto ai primi 4 mesi del 2011 sono calati da 693 a 622 milioni di euro (meno 10%). Obiezione: nello stesso periodo tutti i titoli azionari sono diminuiti di valore inoltre con la crisi tutte le aziende investono meno in pubblicità. D'accordo, però l'indice della Borsa di Milano il 1 novembre 2011 era a quota 14.928 e venerdì 13 luglio 2012 ha chiuso a quota 13.714 con una diminuzione dell'8,13% e nello stesso periodo di tempo SKY ha registrato un + 25% di investimenti pubblicitari e la raccolta sulla rete internet è anch'essa cresciuta. Tralasciando inoltre di commentare tutti gli indici finanziari, quello che salta all'occhio è che l'utile netto dei primi 4 mesi del 2011 del gruppo Mediaset era stato di 51,4 milioni di euro mentre l'utile netto dei primi 4 mesi del 2012 è stato di 1,5 milioni di euro (con una diminuzione del 97%). Qui sta il vero nocciolo del problema del conflitto d'interessi. Con Berlusconi fuori dalla scena politica, sono calati in 9 mesi gli investimenti pubblicitari e il gruppo Mediaset, che vive di pubblicità, è diventato un gruppo industriale come gli altri.

La seconda grande motivazione che spinge il Cavaliere a scendere in campo è, a nostro giudizio, dettata dall'ambizione personale. L'anno prossimo per Berlusconi sarà l'ultima occasione, per ragioni anagrafiche, di cercare di farsi eleggere Presidente della Repubblica. Per avere almeno una possibilità di riuscire nell'impresa (oggettivamente titanica a dir poco) occorre però avere un Parlamento favorevole. Magari non servirà vincere le elezioni, ma sicuramente servirà non avere in Parlamento una maggioranza fortemente contraria. Da qui discendono per il PDL tutti i ragionamenti in corso sulla riforma della legge elettorale e la decisione dello stesso Berlusconi di gestire in prima persona la questione. Il segretario nominato Alfano si è rivelato infatti debole nel mantenere unite le diverse anime del PDL che riconoscono ancora a Berlusconi la leadership vera del movimento. Senza più Berlusconi in campo il PDL è destinato a dividersi. Ed affrontare le prossime elezioni politiche divisi al proprio interno significa andare incontro ad una sconfitta certa, anche perché recuperare il rapporto con la Lega di Maroni non sarà cosa facile. Perdere male le elezioni sarebbe per Berlusconi come dire addio al sogno di diventare Presidente della Repubblica.

Ciò detto cosa ci possiamo aspettare noi italiani per i prossimi mesi? Gli scenari che si possono aprire sono i più diversi possibili e dipendono da variabili politiche ed economiche che oggi nessuno può realisticamente prevedere. Anche perché a fronte di un PDL che si sta ricompattando intorno al vecchio leader, c'è un centro sinistra unito sui massimi sistemi, ma diviso sulle cose da fare. Forse la discesa in campo di Berlusconi potrebbe in questo senso essere un aiuto anche per l'altro schieramento, staremo a vedere.

Una cosa è certa, il Governo Monti si sta conquistando in ambito internazionale quella garanzia di sopravvivenza sino al 2013 che i partiti politici italiani che lo sostengono non sembrano voler concedere completamente. E se fosse proprio Monti, una volta non più premier, il candidato del centro sinistra per sostituire Napolitano al Quirinale?

Post del 26.07.2012

Come sta trascorrendo questa estate 2012 per noi italiani?

Lo spread sino a ieri (25 luglio) era risalito sino ai valori di novembre 2011 e i 9 mesi del Governo Monti sembravano passati invano insieme ai nostri sacrifici. Poi, inaspettatamente, è arrivata oggi una dichiarazione del Governatore della BCE, Mario Draghi , che ha parlato di strenua difesa per la moneta unica e lo spread è sceso di colpo di 25 punti. Eppure i fondamentali dell'economia europea, anzi mondiale, non sono cambiati in questo afoso 26 luglio e il barometro segna ancora recessione. Del resto i segnali negativi che arrivano quasi giornalmente e interessano ormai tutti i settori dell'economia non si possono invertire con un colpo di bacchetta magica o con una dichiarazione di un banchiere centrale. E domani, che spread avremo? L'altro Mario, Monti, attualmente Presidente del Consiglio del Governo italiano, continua invece da alcune settimane a mettere in guardia gli Organismi Comunitari dalla possibile speculazione agostana che potrebbe accanirsi sul nostro Paese approfittando della debole difesa offerta dallo scudo anti spread, di fatto bloccato dal Parlamento tedesco a sua volta in balia dei pensieri di Angela Merkel. Da cosa deriva questo timore del nostro Premier? In agosto di solito, sotto l'ombrellone, leggiamo le semestrali delle grandi imprese e delle grandi banche internazionali. Forse il nostro Monti è a conoscenza di qualche nuovo problema finanziario (leggi buco di bilancio) riguardante qualche importante gruppo finanziario internazionale tale da far partire una nuova ondata speculativa dagli effetti potenzialmente devastanti? Staremo a vedere.

Staremo a vedere anche lo svolgimento della storia riguardante il Governatore della regione Lombardia, Formigoni. Qui, occorre però fare un po' di chiarezza. Formigoni governa la regione Lombardia ininterrottamente dal 1995. In questi 17 anni la Lombardia si è consolidata come una delle principali aree produttrici di ricchezza economica non d'Italia, ma d'Europa. Abbiamo quindi di fronte una delle regioni d'Italia più avanzate in tema di trasporti pubblici, sanità, risparmio energetico, sostegno alle imprese che innovano, sviluppo del turismo culturale e di business e tantissimo altro ancora. Tutto questo è sicuramente merito delle giunte guidate dal Governatore in carica. E quindi? Lo scandalo che oggi sta investendo il Governatore è frutto di una lotta politica che utilizza la magistratura per arrivare dove il voto popolare non è riuscito, cioè a far dimettere Formigoni? Sembra di no.

Una persona che per tanti anni (al momento 17) ricopre incarichi politici - amministrativi di grande importanza è "inevitabilmente" tentata dalla rete di conoscenze e pseudo amicizie che gravitano sempre intorno a chi ricopre cariche di potere. Più passa il tempo, maggiore è il rischio, anche in buona fede, senza pensare di far nulla di male, di perdere di vista il proprio ruolo istituzionale che deve avere come riferimento solo il Bene Comune e cedere a qualche lusinga. Poi è chiaro che il favore ricevuto, la piccola regalia, viene utilizzata dal donante quale merce di scambio per ottenere a sua volta qualche "piccolo" favore che di fatto può configurarsi come illecito - reato amministrativo. Questo chiaramente è un discorso in generale. Nel caso di Formigoni, viste le foto vacanziere ai Caraibi, è tutto da provare che il nostro Governatore abbia concesso in cambio favori a questo o a quell'imprenditore. L'unica lezione che si può trarre da questa vicenda, ma come da altre storie analoghe successe in passato, è quella di porre un limite temporale massimo di due mandati per le cariche elettive più importanti e correlate alla gestione di un effettivo potere politico - amministrativo quali per esempio l'elezione a deputato - senatore, Governatore di regione, Assessore regionale, Sindaco e assessore comunale. In questo modo si permette alle persone più meritevoli comunque di ricoprire per due mandati importanti incarichi pubblici e nel contempo le si tutelano da possibili tentazioni di favorire pseudo amici. Inoltre questo potrebbe essere anche un modo per diminuire la corruzione sempre fortemente presente nella nostra pubblica amministrazione.

Domani intanto avranno inizio a Londra i XXX Giochi Olimpici. Auguri ai nostri atleti e ai londinesi sottoposti allo stress olimpico! Speriamo che nel temuto mese di agosto a crescere sia il nostro medagliere e non lo spread.

Mi piace la teoria di Barnard, il medico di famiglia, con cui l'autore inizia il diario di viaggio di Franco e Andrea: " Funziona che la vita sta tutta sotto una grande curva a campana, con al centro disturbi comuni e ai lati stravaganze d'ogni sorta. La vita è diluita nel mezzo e troppo densa ai lati". Questo diario racconta la densità delle vite di Andrea, ragazzo autistico dall'età di tre anni e di suo papà Franco il quale nel 2010 parte con Andrea per un viaggio apparentemente senza meta che li porterà ad attraversare i due continenti americani. Dal racconto di quei giorni, l'autore, Fulvio Ervas ha scritto: *Se ti abbraccio non aver paura*.

E' un libro che mette a nudo il tuo essere che pensa, leggendo di Andrea e Franco, per fortuna che i miei figli non sono nati autistici. Però leggendolo, mi viene da pensare che forse mi sono perso qualcosa. Non è il fatto che io personalmente non ho mai compiuto un viaggio avventuroso come quello che hanno vissuto Franco e Andrea. E' che forse il rapporto con i miei figli non ha mai raggiunto un livello di ascolto reciproco, di densità relazionale come quello che percepisco esserci tra Franco e Andrea.

Certo non è facile mantenere costantemente, per tutta la vita, questa attenzione. E' un lavoro sovrumano, che va oltre le forze fisiche di cui dispongono un uomo e una donna, un padre e una madre. Nel diario papà Franco ad un certo punto lo dice chiaramente: "Impreco, ma lo amo. Non so di cosa sia fatto questo amore. Credo che nessun genitore possa rispondere facilmente a questa domanda". Un figlio autistico, in questo senso, è una grande occasione per andare all'origine di questo amore. Certo, potendo, un genitore ne avrebbe preferita un'altra di occasione, ma qui si ritorna alla teoria di Barnard, sulla densità ecc. ecc.

Da quando ho terminato di leggere il diario penso ad Andrea ed a suo papà Franco come compagni di viaggio in questa vita e li vedo uniti dall'elastico dell'amore che ogni giorno si tende al massimo, ma non si spezza mai. Come penso spesso al mio amico Ugo e alla sua famiglia, la moglie Silvia e i suoi due figli Riccardo di 5 e Letizia di 3 anni. Ugo da tre anni vive in compagnia della SLA e da un anno mi parla solo muovendo le pupille sullo schermo di un computer che poi traduce con voce metallica il suo pensiero. Tutto il resto del corpo di Ugo è immobile su una sedia a rotelle. Si, decisamente anche la vita di Ugo è molto densa … eppure quando vado a trovarlo e gli chiedo come stai, mi risponde: "a parte la SLA, benissimo"!

Non si conoscono le ragioni della SLA come le cause dell'autismo, ma del resto di quante cose non si conoscono le ragioni eppure accadono? E' la vita che le fa accadere, ma non a caso. C'è sempre una ragione perché le cose accadono. Bisogna vivere la quotidianità di ogni giorno chiedendo di avere sempre un compagno di viaggio che ti faccia compagnia e ti aiuti a comprendere queste ragioni. Franco intuisce forse ad un certo punto del cammino questo fattore e infatti ammette: "cercando di portare Andrea nel mio mondo, forse sono solo riuscito a fare un piccolo passo nel suo…"

Come scrive S. Paolo nella prima Lettera ai Corinzi, Dio non manda mai prove (tentazioni per San Paolo) che non siamo in grado di sopportare. Non siamo mai lasciati soli, basta guardarsi intorno, basta riprendere in mano i ricordi di Franco e Andrea. Consiglio veramente a tutti la lettura di questo libro, dai quindici ai cent'anni, perché non è mai tardi per leggere queste pagine e cercare d'imparare ad amare l'altro, il diverso da te, tuo figlio.

Fulvio Ervas, *Se ti abbraccio non aver paura*, Marcos Y Marcos 2012, Via Ozanam, 8 Milano

Neanche Harry Potter si renderebbe disponibile a prevedere il futuro prossimo venturo del Governo Monti, troppo forte il rischio di fare una brutta figura. Rimane quindi solo da affidarci ai politici che non temono le brutte figure... E se ci affidiamo alle dichiarazioni dei politici di questi ultimi giorni l'idea che prende sempre più piede è quella di un voto anticipato in autunno.

Se così fosse, addio alla riforma della legge elettorale, non ci sarebbe più tempo. Questa è un'ipotesi che, sotto sotto, piacerebbe a molti partiti, sia quelli che sostengono il Governo Monti, sia quelli che stanno all'opposizione. Del resto l'attuale legge elettorale (la num. 270 del 21 dicembre 2005) è stata votata da Forza Italia, Alleanza Nazionale (insieme ora nel PDL), UDC, Lega Nord, Fiamma Tricolore e Gruppi Misti ecologisti e democratici; contrari Democratici di Sinistra, Margherita, Italia dei Valori, Rifondazione Comunista. Come si vede, la maggioranza che ha votato l'attuale legge elettorale è diversa da quella che attualmente sostiene il Governo Monti e questo è un ulteriore fattore da tenere presente per capire la difficoltà che i partiti manifestano nell'affrontare il tema.

Però, c'è un però: questa legge non piace al Presidente della Repubblica, ma soprattutto non piace più alla maggioranza degli italiani che hanno già manifestato forte insofferenza agli attuali partiti e uomini politici nelle recenti elezioni amministrative. Quale sarebbe la reazione dei cittadini se si andasse a votare alle prossime politiche nuovamente con l'attuale legge elettorale? Molto probabilmente si aprirebbe la strada da un lato a Grillo e ai grillini e dall'altra all'astensionismo. Risultato: un Parlamento incapace di affrontare la situazione attuale che rimane di una gravità assoluta, perché i 2.000 miliardi di euro di debito pubblico che l'Italia ha accumulato negli ultimi venticinque anni non si riducono in un anno e neanche in cinque anni senza una forte e decisa ripresa economica, assente per ora dall'orizzonte. Abbiamo davanti a noi mesi, anni difficili, anni di scelte coraggiose, quelle che abbiamo sempre rimandato in questi venticinque anni, tanto potevamo aumentare il nostro debito pubblico, stampare BOT e CCT, il Bel Paese era di moda, il made in Italy esportava in tutto il mondo abiti e BTP, sandali e CTZ ... ebbene questo modo di vivere, questa favola è finita per sempre. Occorre che i nostri politici se ne rendano conto e in fretta, noi cittadini l'abbiamo già capito, basta guardare l'indice dei consumi e dei risparmi per famiglia di questi mesi.

Il caso ILVA di Taranto è emblematico dei ritardi accumulati dall'Italia in campo economico. Sono più di trent'anni che tutti i tarentini, tutti i pugliesi, tutti gli italiani sanno che la zona industriale di Taranto produce acciaio e tumori e nessuno ha fatto nulla per cambiare le cose. Come può un Paese nel 2012 uscire dalla crisi se non è in grado di conciliare lavoro, salute e benessere economico per migliaia di famiglie? Occorre che debba intervenire la Magistratura per mettere in moto un meccanismo che sostanzialmente dovrebbe dipendere da scelte amministrative, politiche ed economiche? E si potrebbe continuare con il caso Fincantieri, con il caso Fiat ecc. ecc. tutte tematiche impopolari, sempre rimandate per anni e mai affrontate dai vari politici - ministri competenti (?) che ora, in periodo di crisi vengono a galla nella loro drammaticità perché coinvolgono centinaia di migliaia di persone che rischiano di perdere il lavoro. Queste tematiche sembrano figlie della crisi, ma in realtà sono figlie della non gestione, della dolosa dimenticanza di chi doveva pensare al futuro (nostro) e invece ha pensato al futuro proprio o della propria corrente politica o del proprio partito o semplicemente non ci ha pensato perché non era in grado di farlo e occupava un posto da ministro a sua insaputa.

L'Italia non ha bisogno del sostegno morale dei tedeschi, come ha dichiarato il Premier Monti in una recente intervista, l'Italia ha urgente bisogno che noi italiani, cattolici e laici, ricominciamo seriamente in prima persona a riappropriarci dell'ambito politico per troppo tempo delegato ai professionisti della politica che si sono rivelati nella gestione della *res publica* peggiori dei "tecnici" che ora sono al Governo. Quello che serve è un ritorno all'impegno civile e politico di persone che abbiano qualcosa da dire sul futuro nostro e dei nostri figli, che abbiano una visione e un ideale da proporre e da condividere con altri e come sfondo del loro agire il Bene Comune del Paese e non di casa propria, sia essa in Italia o a Monte Carlo.

Chi è fedele nel poco, è fedele anche nel molto; e chi è disonesto nel poco, è disonesto anche nel molto scrive l'evangelista Luca nel suo Vangelo. Dobbiamo incominciare da noi stessi, dalle piccole cose che sono vicine a noi e che possiamo cambiare, impegnandoci in prima persona. Solo così, cambiando noi, cambieremo il nostro Bel Paese e tutti insieme usciremo dalla crisi.

Post del 18.08.2012

Fabrizio Carcano raddoppia: dopo *Gli angeli di Lucifero* pubblicato nel 2011, è uscito da pochi mesi nelle librerie il secondo romanzo *La tela dell'eretico* edito sempre da Mursia.

Il lettore ormai affezionato a questo ancor giovane scrittore, nato nel 1973, ritrova in quest'opera tutti gli ingredienti che caratterizzano il suo mondo narrativo. Innanzitutto la trama è quella di un giallo ambientato nella Milano contemporanea dove nel giro di qualche giorno una serie di omicidi apparentemente non collegati tra di loro irrompono nella vita del Vice Questore nonché Capo della Squadra Omicidi di Milano, Bruno Ardigò. Quasi senza accorgersene però, il lettore viene accompagnato dall'autore in una Milano di cinquecento anni prima, nella Milano leonardesca di fine Quattrocento. Gli omicidi infatti sembrano collegati ad una misteriosa setta segreta che si rifaceva al movimento religioso dei Catari, ancora presenti in Italia a fine Quattrocento a cui sembra che anche Leonardo da Vinci avesse segretamente aderito, movimento però considerato eretico dalla Chiesa cattolica.

E qui troviamo il secondo tema caro a Fabrizio Carcano: quel mix di storia tardo medievale – rinascimentale velata da richiami esoterici e misteriose confraternite che erano di moda in quei tempi e che portano il lettore di oggi a fantasticare di chissà quali misteri ancora irrisolti. Per tutto il romanzo il lettore è dondolato tra la Milano del 2011 e la Milano di Leonardo e del suo cenacolo.

Terza costante dell'autore: Milano. Milano è raccontata nei minimi particolari tanto che sembra di avere sullo sfondo, leggendo il romanzo, la piantina di un Tom Tom. L'amore di Carcano per Milano trasuda, in questa torrida estate 2012, da ogni pagina del romanzo, spesso per bocca dei due protagonisti, Ardigò e Malerba, altre volte lo si intuisce dalle minuziose ricostruzioni storiche di zone o quartieri milanesi poste all'inizio di un capitolo o di un paragrafo.

Ad aiutare il Commissario Ardigò in questi pellegrinaggi interviene l'amico - rivale di sempre, il giornalista Federico Malerba, compagno di studi e di avventure del Commissario. Malerba imbastisce, con l'aiuto di una figlia di una delle vittime, una sua indagine parallela ed alla fine della storia i due amici scopriranno di essere stati entrambi vicini alla soluzione del caso sin dall'inizio.

Dopo la lettura di questo secondo romanzo, non possiamo non confermare il nostro plauso a questo scrittore che di professione fa il giornalista e invitarlo a proseguire su questa strada. Francamente ci aspettiamo anche di poterci recare al cinema tra qualche mese per poter seguire le vicende di Ardigò e Malerba sul grande schermo. I due romanzi di Carcano, questo e il precedente, sembrano infatti già pronti per la sceneggiature di un film che a nostro giudizio avrebbe grande successo non solo in Italia perché il respiro di queste opere è un respiro universale.

Ci permettiamo un ultimo pensiero, rivolto al Sindaco di Milano, Avv. Pisapia: perché non omaggiare l'autore con un Ambrogino il prossimo Natale?

Fabrizio Carcano, *La Tela dell'Eretico*, Ugo Mursia Editore spa, Milano 2012

Non odierò

Nell'opera l'autore si racconta.

Izzeldin Abuelaish è un medico, specializzato in ginecologia. Si è laureato in medicina all'Università del Cairo e successivamente ha lavorato in ospedali e seguito corsi di specializzazione in Arabia Saudita, Italia, Belgio, Stati Uniti, Afganistan, Israele. La sua specializzazione è nello studio dei casi di infertilità delle coppie. Che abbia lavorato in Israele è veramente un evento speciale, perché il Dr. Abuelaish è uno dei pochissimi palestinesi tutt'ora ammessi a lavorare in un ospedale israeliano.

L'autore è nato infatti nel 1955 a Gaza, dove la sua famiglia si era rifugiata dal 1948 quando i soldati israeliani avevano confiscato tutte le terre e i possedimenti degli Abuelaish nel paese di origine, Houg, vicino a Sderot, nella parte meridionale di Israele. Nel libro il medico racconta per filo e per segno i molteplici episodi della sua infanzia, fatta solo di miseria e assenza di beni materiali ma ricca di amore da parte dei suoi genitori e dei suoi tanti fratelli.

Grazie ad una forza di volontà non comune, sostenuta da una sincera fede in Dio e nella bontà dell'animo umano, Abuelaish con fatiche inimmaginabili per i nostri figli, riesce a diplomarsi e ad ottenere una borsa di studio per frequentare la facoltà di medicina al Cairo. Il sogno della sua gioventù si sta avverando.

Sullo sfondo del racconto ci sono oltre quarant'anni di conflitto medio orientale e la storia di un popolo, quello palestinese, di fatto abbandonato ad un destino che sembra non interessare a nessuno.

Dopo la laurea in medicina, l'autore inizia un percorso fortunato di carriera che lo porta a lavorare in diverse parti del mondo. A casa, a Gaza, rimane sempre la moglie Nadia che nel tempo arricchisce la famiglia con otto figli.

Il desiderio di Abuelaish è duplice: da un lato quello di migliorare le condizioni sanitarie del popolo palestinese che a Gaza vive in condizioni igienico sanitarie disperate. Dall'altro cercare tramite la medicina e la scienza di tendere un ponte con l'altra parte, gli israeliani, soprattutto medici e uomini di cultura che Abuelaish ha nel tempo conosciuto e apprezzato ricevendone stima reciproca.

Tutto sembrava andare nella giusta direzione anche se vivere a Gaza rimaneva molto difficoltoso soprattutto per la sua famiglia sino a quando nel giro di pochi mesi accadono due eventi che segnano la vita dell'autore: il 16 settembre 2008 muore di leucemia fulminante la moglie Nadia. Infine il 16 gennaio 2009, in pieno attacco Israeliano – operazione Piombo Fuso – un carro armato israeliano spara per errore un colpo di cannone contro la casa del medico uccidendo contemporaneamente le prime tre figlie oltre ad una nipotina. Altri figli e familiari rimasero gravemente feriti. Abuelaish praticamente non venne colpito neanche da una scheggia. Perché? Si chiede da allora l'autore a me niente e alle mie figlie la morte?

Dopo quell'episodio Abuelaish scrisse il libro: Non odierò. Cito a pag. 218: "La vendetta, una malattia endemica in Medio Oriente, non me le restituirà (le figlie, n.d.r.). E' importante provare rabbia dopo eventi del genere, rabbia che segnala che non accetti quello che è accaduto, che ti incita a fare la differenza. Ma bisogna stare attenti a non cadere nell'odio. Il desiderio di vendetta e di inimicizia servono solo ad allontanare il buon senso, accrescere sofferenze e prolungare il conflitto. " E verso la fine del libro ancora l'autore: "Ho perso tre splendide figlie ma ho la fortuna di avere altri cinque figli e possiedo il futuro. Credo che Einstein avesse ragione quando diceva che la vita è come andare in bicicletta: per restare in equilibrio bisogna continuare a pedalare. Io continuerò a pedalare ma ho bisogno che voi vi uniate a me in questo lungo viaggio."

Non ero a conoscenza della storia del Dr. Abuelaish, ma quando l'ho ascoltato raccontarla di persona e poi ho visto su YouTube i video dell'attentato alle figlie, sono rimasto veramente commosso dall'umanità di quest'uomo che merita di essere conosciuto in tutto il mondo. Il libro vale una lettura attenta e meditata e sicuramente ci aiuterà a meglio comprendere il mondo nel quale viviamo.

Izzeldin Abuelaish, *Non odierò*, Edizioni Piemme spa, Milano 2011

Anche quest'anno il Meeting di Rimini non ha deluso. Centinaia di migliaia le persone che a Rimini, dal 19 al 25 agosto hanno potuto seguire le molteplici occasioni di incontri, presentazioni, mostre ed eventi culturali e sportivi che si susseguivano senza sosta durante l'arco della giornata.

Certamente nessuno può seguire tutto il Meeting, molti incontri ed eventi si svolgono in contemporanea, bisogna scegliere.

Personalmente al Meeting preferisco partecipare agli incontri con i personaggi che vengono invitati a rapportarsi con il tema del momento. Quest'anno il titolo del Meeting era: "La natura dell'uomo è rapporto con l'infinito".

Lunedì 20 agosto ho assistito all' incontro con Shodo Habukawa, Abate del Muryoko Temple (tempio buddista sul monte Koya in Giappone) e Don Stefano Alberto, docente di Teologia all'Università Cattolica di Milano che hanno parlato dell'Homo Religiosus. Il senso religioso è ciò che unisce tutti gli uomini ed esprime la coscienza di originale dipendenza dal Mistero che li ha generati.

Martedì 21 ho seguito con particolare attenzione la relazione di Don Javier Prades Lopez, Rettore dell'Università San Damaso di Madrid avente a tema il titolo del Meeting. Relazione di una chiarezza espositiva e contemporaneamente di una tale profondità teologica che vale veramente la pena riascoltare su YouTube (si trova pubblicata sul canale del Meeting di Rimini).

Mercoledì è stata la volta dell'astronauta italiano Paolo Nespoli, presentato dall'astrofisico Marco Bersanelli, che ha tenuto una interessantissima relazione e ci ha raccontato la sua esperienza di vita su come si diventa astronauta e sui sei mesi di permanenza nello spazio.

Giovedì 23 agosto ha commosso tutti i presenti la testimonianza del medico palestinese Izzeldin Abuelaish che è venuto a raccontarci la sua storia iniziata in una terra difficile per un bambino, la striscia di Gaza. Di questo incontro ho scritto già in un precedente post dove ho recensito il libro di Abuelaish. Sempre giovedì ho ascoltato in un altro incontro Wael Farouq, Vice Presidente del Cairo Meeting e docente presso l'Istituto di

Lingua Araba all'Università americana del Cairo e Mary Ann Glendon, Learned Hand Professor of Law alla Harvard University parlare di desiderio e politica.

Venerdì 24 agosto è venuto per la prima volta al Meeting il Presidente dell'Assemblea Generale dell'Onu, Nassir Abdulaziz Al Nasser, insieme al Ministro degli Esteri italiano e a S. Em. Cardinale Jean Louis Tauran, Presidente del Pontificio Consiglio per il Dialogo Interreligioso. I tre relatori hanno intrattenuto la platea sul tema: politica internazionale e libertà religiosa, particolarmente di attualità tenuto conto dei continui attacchi che quasi ogni giorno avvengono ancora oggi nel mondo a danno dei cattolici in Africa e in alcune regioni dell'Asia.

Infine Sabato 25 agosto l'incontro di chiusura del "mio" Meeting è stato con Sergio Bertolucci, Director for Research and Computing al Cern di Ginevra e con Lucio Rossi, High Luminosity LHC Project Leader al Cern di Ginevra che ci hanno raccontato gli ultimi sviluppi della fisica compiuti al Cern di Ginevra e in particolare ci hanno parlato del bosone di Higgs.

Probabilmente qualche lettore, ripensando alla settimana del Meeting così come è stata presentata dai quotidiani nazionali, dopo aver letto questo post, si ritrova disorientato. Non sono stati citati Mario Monti e Corrado Passera, Corrado Cini e Antonio Tajani, Roberto Formigoni e Maurizio Lupi, Tiziano Treu ed Enrico Letta, Raffaele Bonanni ed Elsa Maria Fornero, tutti ospiti presenti al Meeting di quest'anno e i cui interventi hanno ricevuto ampia risonanza mediatica. Semplicemente, come dicevo all'inizio, al Meeting bisogna scegliere. E la mia scelta è stata quella che vi ho raccontato.

Va bene così?

Questa sera parliamo di noi, parliamo d'Italia. Quindi parliamo d'Europa.

La giornata di oggi, 6 settembre 2012, con molta probabilità passerà alla storia come una data significativa del periodo storico che stiamo vivendo. Dopo settimane, mesi di tentennamenti, finalmente la Banca Centrale Europea, pur nella limitatezza degli strumenti a disposizione, ha preso la decisione di sostenere i titoli di Stato dei Paesi sotto stress finanziario, acquistandoli al mercato secondario senza limitazioni d'importo. Certo con alcuni paletti. I titoli acquistati saranno quelli con scadenza a breve termine (da uno a tre anni) in modo tale da mantenere la pressione psicologica sull'attenzione ai conti pubblici nel medio lungo termine. Inoltre gli Stati che beneficeranno degli acquisti della BCE, dovranno impegnarsi in politiche economiche di risanamento e dovranno mantenere gli impegni presi, in caso contrario la BCE potrà vendere i titoli acquistati facendo peggiorare nuovamente la finanza e lo spread di quel Paese.

Attenzione, non stiamo idolatrando la BCE e il suo principale attore, il Governatore italiano Mario Draghi. Non sfuggono le possibili conseguenze negative di questa scelta che tuttavia, e lo si è visto subito sui mercati, ha contribuito a togliere ossigeno alla speculazione finanziaria. In effetti, in questo momento storico, i mercati si attendevano questa presa di posizione. Sino ad ora, in tema di crisi, la BCE è stata l'unica istituzione europea a parlare in modo univoco e a prendere una posizione decisa contro la speculazione. Le altre istituzioni politiche, Commissione e Parlamento, singoli Commissari oltre ai diversi Premier nazionali, si sono presentate divise sulle cose da fare e sulle soluzioni da proporre per combattere la crisi. Risultato: agli occhi degli investitori internazionali l'Europa così com'è non appare una controparte credibile politicamente e quindi si pensa che questa debolezza possa ripercuotersi anche in campo finanziario e che la speculazione si possa muovere indisturbata.

La mossa di Draghi ha rotto gli indugi e mandato un segnale forte nella direzione contraria: l'Europa è unita economicamente dall'euro e finanziariamente in grado di sostenere gli attacchi speculativi in corso. La garanzia in questo momento non è politica, ma fornita dalla BCE. Problema risolto, crisi passata? Assolutamente no.

Primo. La scelta di Draghi è una scelta che avrebbe dovuto compiere la politica europea, ma così non è stato. Le conseguenze di ciò le vedremo nei prossimi mesi, nei prossimi anni. E' evidente che le politiche nazionali hanno ancora la prevalenza sugli interessi comunitari.

Secondo. I fondamentali dell'economia reale continuano a peggiorare, a livello europeo e a livello dei singoli Stati. Venendo a noi, in Italia la disoccupazione è tornata a livelli di fine anni '90, la produzione industriale è in forte calo, i consumi diminuiscono e i prezzi delle merci invece salgono per effetto dell'aumento dei carburanti sempre più gravati dall'aumento della pressione fiscale. Una nuova parola incomincia a far capolino sulle pagine dei giornali, stagflazione.

Per noi italiani è chiaro che le risposte a questa situazione non possono arrivare solo dalla BCE. Devono arrivare dalla politica, dai nostri politici e dalle persone di buona volontà che hanno a cuore il futuro dei nostri figli. Purtroppo lo scenario politico a cui stiamo assistendo in queste settimane di fine estate non è dei più rassicuranti. Non si conosce ancora la data delle elezioni politiche, che dovrebbero tenersi la prossima primavera se le Camere non verranno sciolte anticipatamente, ma la tensione e il livello dello scontro politico tra gli schieramenti è già così alto che veramente non comprendo come l'Italia possa sopportare sei - otto mesi di aspri combattimenti come quelli in corso tra i partiti. Il Premier Monti sta cercando, nei limiti del possibile, di modificare l'impianto strutturale del nostro Paese, ma è sempre più evidente a tutti che le resistenze che incontra sono fortissime.

Concludo con una semplice considerazione: questa sera probabilmente Mario Draghi viene considerato dalla comunità finanziaria (a parte quella tedesca forse) l'uomo più forte e carismatico al mondo. Tuttavia rimane pur sempre un personaggio non scelto democraticamente dal popolo europeo, neanche dal Parlamento europeo, ma eletto da un ristrettissimo gruppetto di suoi pari. Ciò nonostante il suo potere di incidere sulla vita del popolo europeo e quindi anche sulla nostra vita è enorme. E questa sera lo è un po' di più.

Va bene così?

La politica estera degli Stati Uniti d'America dal secondo dopoguerra ha avuto come cardine principale la ricostruzione dell'Europa (inizialmente solo quella Occidentale) e del Giappone attribuendo loro il ruolo di futuri partners commerciali e baluardo contro l'espansione del "comunismo". Proprio con il fine di ricostruire queste aree gli Stati Uniti hanno visto favorevolmente (hanno permesso) la formazione di organizzazioni regionali come la Comunità Europea per il Carbone e l'Acciaio, l'Associazione Europea di Libero Scambio, il Mercato Comune Europeo per arrivare sino alla nascita dell'Unione Europea.

A metà degli anni sessanta divenne evidente che i settori più dinamici e "lungimiranti" del capitalismo statunitense, europeo occidentale e giapponese erano sempre più intrecciati tra di loro ed avevano sempre più una connotazione internazionale. Il vecchio sogno dei capitalisti di una comunità mondiale del capitale sembrava prossimo a realizzarsi, almeno per una piccola comunità di banche e di imprese transnazionali.

Questa dinamica, questa tendenza, venne infatti subito notata dai banchieri d'affari statunitensi e mondiali, primo tra tutti David Rockefeller. Rockefeller sostenne in quegli anni che gli interessi del genere umano vengono meglio serviti in termini economici laddove le forze del mercato libero hanno la possibilità di trascendere i confini nazionali. Furono i fautori di questa politica economica aperta, internazionale, a condurre il gioco negli Stati Uniti. Per esempio dal 1947 al 1967 sei consecutivi negoziati GATT abbassarono le tariffe sull'import USA in Europa e Giappone. Certo gli Stati Uniti sono sempre stati divisi tra un'anima internazionalista ed una protezionista che guardava più al mercato interno e chiedeva all'Amministrazione di turno l'applicazione di dazi sulle esportazioni dell'Europa e del Giappone verso gli USA. Negli anni 60 il mercato interno USA cresceva e dunque gli internazionalisti avevano la meglio, ma ad un certo punto qualcosa si ruppe.

All'inizio degli anni 70 ci fu la prima crisi economica mondiale del dopoguerra. Nell'agosto del 1971 il presidente Nixon varò la Nuova Politica Economica. Il mondo finanziario così com'era stato sino ad allora, non fu più lo stesso. Nixon cancellò con un colpo di spugna gli accordi di Bretton

Woods del 1944 proclamando la non convertibilità in oro del dollaro. Questa misura voleva svalutare la moneta statunitense e favorire di conseguenza le esportazioni USA nei mercati europei e giapponesi che negli anni sessanta erano molto cresciuti. Inoltre vennero applicati dazi unilaterali sulle importazioni negli Stati Uniti, violando quelli che erano gli accordi GATT appena conclusi. Se questa politica era sostenuta dal versante protezionista dei capitalisti americani, era vista come il fumo negli occhi dagli internazionalisti che ritenevano che questa politica danneggiasse in ultima analisi il Paese. In effetti le divisioni tra le nazioni capitalistiche industriali costituivano una minaccia per quei player multinazionali (finanziari, società commerciali, banche) i cui interessi erano strettamente connessi al libero scambio e ai liberi investimenti con meccanismi flessibili di circolazione della moneta.

Fu per "sostenere" queste idee che nel 1973 David Rockefeller, con alcuni "amici", creò un'organizzazione che doveva servire a salvaguardare gli interessi sovranazionali: la Commissione Trilaterale. Il prossimo anno questo organismo, che esiste tutt'ora, compirà quarant'anni. I membri e i consiglieri più stretti che hanno fatto parte della Commissione a partire dalla sua fondazione (luglio 1973) fino ad oggi comprendono i rappresentati di banche, società multinazionali, società di informazione e organizzazioni internazionali. E' possibile collegarsi al sito istituzionale della Commissione (http://www.trilateral.org/) per farsi un'idea dell'attività che porta avanti questa organizzazione e delle persone che attualmente ne fanno parte. Ad oggi gli italiani presenti risultano 18, tra cui John Elkann, Presidente di Fiat spa, Maurizio Sella, Presidente del Gruppo Banca Sella, Marco Tronchetti Provera, Franco Venturini, editorialista del Corriere della Sera, Enrico Letta, deputato e Vice Presidente del Partito Democratico , solo per citarne alcuni. Il 16 novembre 2011 Mario Monti si dimise dalla Commissione dopo essere stato scelto dal Presidente Napolitano quale successore di Berlusconi alla guida del Governo italiano.

Nel luglio 2013 la Commissione Trilaterale festeggerà i suoi primi quarant'anni di vita e di azione ai massimi livelli del potere finanziario, economico e politico internazionale. E per come sono andate le cose sino ad ora, sembra proprio che l'azione svolta sia stata efficace. L'interconnessione del mondo contemporaneo, in tutti i settori, è forse andata oltre l'immaginazione dei primi membri della Trilaterale. Ma gli interessi del genere umano, come li definiva Rockefeller, oggi, sono tutelati più e meglio di quarant'anni fa?

Questa volta hanno vinto entrambi: Sergio Marchionne e Susanna Camusso.

Il primo ci aveva provato, forse anche spinto dalla Famiglia, a cercare di mantenere la produzione di autoveicoli in Italia. Il progetto Fabbrica Italia era piaciuto, aveva fascino, Marchionne sapeva come presentarlo in pubblico e alla fine, per convinzione o per convenienza, i più ci avevano creduto. Ci avevano creduto i politici, sollevati dal non dover affrontare un problema dai risvolti economici e sociali spaventosi. Ci avevano creduto i sindacati, tranne la FIOM, che pur di mantenere il posto di lavoro, avevano deciso che alcuni diritti acquisiti potevano essere messi in discussione. Ci avevano creduto gli italiani, convinti che la FIAT dopo tutto aveva fatto la storia d'Italia e avrebbe continuato a farla.

Forse il meno convinto era proprio Marchionne. Del resto mentre le parole spese a favore di Fabbrica Italia aumentavano, le azioni concrete e gli investimenti andavano in altra direzione, oltreoceano, a sostenere la produzione dell'altra casa automobilistica del gruppo, la Chrysler. Non è un caso che negli States, Marchionne sia visto come il salvatore della patria (automobilistica) mentre in Italia è diventato il capro espiatorio di non si sa ancora bene che cosa, comunque sia, è tutta colpa sua.

Anche Susanna Camusso ha vinto la sua battaglia: è stata l'unica che aveva capito (o indovinato) il "bluff" di Marchionne. I progetti per Fabbrica Italia non sono mai esistiti e del resto nessuno li ha mai visti. Bonanni e Angeletti non hanno compreso come stavano realmente le cose e si sono fidati della parola dell'A.D. Fiat. Quando il mercato dell'auto ha incrociato l'autostrada della recessione, il gioco è terminato. Marchionne a questo punto non poteva più attendere ed è dovuto venire allo scoperto, il progetto è superato, il mercato ha cambiato rotta, il futuro di Fiat in Italia va ripensato.

E' chiaro che stiamo parlando di due vittorie di Pirro. Nella storia che si sta scrivendo in questi giorni, in queste settimane, non ci sono vincitori. Comunque andrà a finire, a perdere il lavoro saranno migliaia di operai e impiegati con le loro famiglie, a perdere un pezzetto di fiducia e di speranza nel futuro saremo tutti noi. Perché una cosa è certa: se la Fiat decidesse una forte riduzione della sua presenza in Italia le ripercussioni per il nostro Paese non sarebbero indolori.

E questa è solo la punta dell'iceberg. Al momento non esiste settore industriale in Italia che non stia attraversando un periodo di profonda crisi e ristrutturazione. E' di questi giorni la notizia del peggioramento della nostra posizione nella classifica internazionale dei Paesi maggiormente industrializzati, dal quinto all'ottavo posto. Cosa fare giunti a questo punto? Per prima cosa una nuova politica industriale, quella che non è stata più realizzata in Italia da decenni. Nuova politica industriale significa però nuovi politici.

Non ci sono molte alternative, occorre che tutti noi ci rimbocchiamo le maniche e, ciascuno per la propria competenza e la propria responsabilità, ricominciamo a pensare ad una nuova forma di società, ad un nuovo modo di vivere insieme, a nuovi standard e stili di vita (che riguardano mondo del lavoro, pensioni, scuola, sanità solo per citare alcuni temi principali) con lo sguardo soprattutto rivolto alle nuove generazioni, le più a rischio con l'attuale sistema.

L'esempio in questo senso sarebbe dovuto venire dall'alto, dalle classi dirigenti, dai nostri politici che per primi avrebbero dovuto occuparsi di pensare e proporre il cambiamento tanto atteso. Purtroppo, proprio la politica è la grande assente in questo momento e anzi lo spettacolo che offre di sé la nostra classe politica non lascia ben sperare per i prossimi mesi che saranno molto impegnativi per il nostro Paese.

Passati venticinque anni dalla caduta del muro di Berlino, sembra che anche lo stile di vita capitalista e consumista che vedeva nel mercato un totem, sia in profonda crisi. Ma il cuore dell'uomo desidera la felicità, oggi come ieri, e continua a cercarla. Da questo vuoto da colmare, che esiste, mi viene la certezza, adesso, della possibilità per ognuno di noi del cambiamento.

Scriveva Gilbert Keith Chesterton in *La mia fede*: "La conversione è l'inizio di una vita intellettuale attiva, fruttuosa, illuminata e addirittura avventurosa".

Mettiamoci in gioco per primi e forse riusciremo anche a far cambiare idea a Marchionne.

Dall'incontro di ieri tra il Capo del Governo Mario Monti, con seguito di Ministri, e i vertici di Fiat (Marchionne e il giovane Presidente John Elkann, nato a New York il primo aprile 1976) non è emerso in sostanza niente di significativo sul futuro dell'industria dell'auto in Italia, ne del resto ci si poteva aspettare qualcosa di diverso. I numeri del mercato dell'auto di questi mesi e quelli più importanti della crisi economica in atto sono a conoscenza di tutti noi.

Quello che di interessante è invece emerso dall'incontro di ieri è la concezione che i nostri industriali, i nostri capitalisti hanno del momento storico che stiamo vivendo. Quello che Marchionne e il giovane Elkann hanno detto a Monti in sostanza è che la Fiat non ha problemi in quella parte del mondo, in quei Paesi dove esistono e vengono somministrati aiuti statali per l' insediamento di nuovi impianti produttivi in cambio dell'assunzione di migliaia di lavoratori che però vengono "assunti", aggiungiamo noi, subordinando il lavoro alle necessità temporali e produttive del mercato del singolo Paese. In altre parole: se il mercato cresce e gli aiuti di Stato sostengono sia la produzione sia, ancora meglio, la domanda, allora la Fiat investe, assume lavoratori e in questo caso i problemi non esistono, il cerchio si chiude. Per rendere esplicito il quadro descritto si vedano gli insediamenti Fiat in Brasile, in Serbia, ma anche nella patria del capitalismo, gli Stati Uniti. Questo in sintesi il concetto espresso dai vertici Fiat. Purtroppo in Italia non è più possibile attuare questo modus operandi per via delle leggi comunitarie e quindi i problemi di Fiat rimangono e sono sotto gli occhi di tutti.

Tralasciamo qui il fatto che, se analizziamo la classifica dei produttori di auto in Europa, non tutte le case produttrici in questi mesi hanno perso volumi di vendite come li ha persi Fiat che ha fatto peggio degli altri, segno di problematiche industriali peculiari del gruppo torinese.

Il problema è che, mentre in Europa gli aiuti alle imprese sono vietati, seguendo una logica di concorrenza interna ai Paesi membri della Comunità che per certi aspetti è corretta, negli altri Paesi, anche molto vicini all'Unione Europea stessa (vedi Serbia) questi aiuti esistono e sono anche importanti dal punto di vista finanziario ed economico tanto da far decidere grandi imprese, vedi Fiat, a non investire in Italia, ma per esempio a 500 Km di distanza trovando praticamente gli stessi fattori della produzione, più gli aiuti, più una forza lavoro disposta a lavorare al 25% di stipendio rispetto un operaio italiano. Ma in Serbia oggi il costo della vita è più o meno proporzionato a quello stipendio. Come potrebbe l'Italia rendere competitivo il costo del lavoro di un proprio operaio rispetto ad un operaio serbo? E comunque sarebbe giusto il confronto?

Ancora: perché la Fiat dovrebbe continuare ad investire in Italia con queste condizioni di mercato? In Italia, ma anche in Europa. La guerra dello spread di questi ultimi mesi, è stata anche, di fatto, una guerra commerciale interna tra le grandi imprese dei Paesi europei. Quelli sotto pressione finanziaria (Italia e Spagna in primis) hanno visto le proprie aziende industriali soffrire più delle altre a causa del downgrade finanziario. Le aziende italiane e spagnole sono state costrette a pagare il denaro più delle concorrenti tedesche o francesi quando si sono rivolte al mercato finanziario per chiedere prestiti.

Ma se la situazione è questa e il mondo è sempre più piccolo e ormai un' impresa multinazionale può decidere di installare un nuovo impianto produttivo dove più gli conviene trovando praticamente gli stessi fattori della produzione ovunque, ha ancora senso per l'Europa continuare a non sostenere le proprie imprese (o almeno quelle che si considerano ancora europee e mantengono tuttora, per poco tempo forse un qualche legame "affettivo" con lo Stato d'origine – come la Fiat con l'Italia per esempio) chiamate a confrontarsi in un mercato unico mondiale dove però non esistono regole comuni e condizioni identiche riguardo al mondo del lavoro (con annessi diritti minimi sindacali comuni) alla fiscalità generale e alla normativa sulla tutela giuridica del commercio?

Il Trattato di Maastricht è stato firmato da dodici Paesi europei il 7.2.1992. Oggi i Paesi membri sono ventisette. L'Europa è cambiata, il mondo è cambiato. Forse la crisi attuale che stiamo vivendo è l'occasione per ripensare ad alcune decisioni prese in momenti diversi, più favorevoli dal punto di vista economico, che oggi però ci penalizzano a livello di sistema Europa e non ci permettono di rispondere con decisione alle nuove sfide che come cittadini europei ci troviamo a dover affrontare. Pensiamoci ora, prima che sia troppo tardi.

Post del 28.09.2012

La congiura delle torri

Questa estate mi sono imbattuto sui banchi di una libreria ne *La congiura delle torri*, romanzo storico e opera prima del giovane scrittore, insegnante di professione, Francesco Fadigati.

Romanzo storico e ambientazione medievale: questo binomio da solo rischia di produrre nei più l'idea di un'opera di difficile e lenta lettura (per usare un eufemismo). E, come spesso accade, i più si sbaglierebbero.

Viene narrata la vita di un giovane orfano, Folco dei Lamberti che dalla campagna si reca a Bergamo per tentare la sorte e cercare di diventare milite e poi, a Dio piacendo, cavaliere. Siamo nell'anno domini 1133 e Bergamo è dilaniata da una guerra intestina tra opposte nobili famiglie bergamasche per ragioni di potere ed interessi economici (il tempo sembra essere trascorso invano per il cuore dell'uomo). Folco trova a Bergamo molto più di quello che si aspettava, scopre la sua vocazione. Trova un gruppo di amici con cui cresce e matura, sperimenta l'amore , cortese, con Madonna Adeleita, promessa sposa ad un nobile pari grado. Incontra Belfiore, giovane donna di origini similari e misteriose e se ne innamora ma, il giuramento prestato al Capitano Mangano e insieme a lui al Vescovo Gregorio, gli impediscono di proseguire il corteggiamento.

Romanzo storico, ricco di avventure, di azioni, di amore e di sangue, di lotte intestine. Insieme a Folco, che trova poco per volta la ragione per cui spendere la sua vita, l'altro protagonista del romanzo è il Vescovo Gregorio, abate di un piccolo monastero che viene chiamato dai nobili bergamaschi delle opposte fazioni a diventare Vescovo della città credendo che fosse facilmente "gestibile" in quanto interessato più alla vita monastica e alla preghiera e meno al potere temporale. I nobili si dovranno ricredere.

Leggere il romanzo, scritto con vena poetica inaspettata per un romanzo storico è ritrovarsi immersi nella realtà medievale e vedere, respirare, ascoltare il mondo con gli occhi di una persona di novecento anni fa. Non ci sono giudizi preconcetti sul periodo storico, piuttosto dalla narrazione traspare, emerge sempre il rapporto vero, immediato, reale tra i protagonisti che diventa rapporto con l'esperienza personale del lettore.

Abbiamo di fronte una bella storia da leggere e da "vivere" con gli occhi di Folco dei Lamberti, giovane milite del XII secolo. A me è piaciuta.

Dopo Alessandro D'Avenia, un altro giovane insegnante, Francesco Fadigati si presenta nel panorama italiano dei giovani scrittori con le carte in regola per lasciare il proprio segno sulla lavagna.

Francesco Fadigati, *La congiura delle torri*, 2011 Bolis Edizioni srl, Azzano San Paolo –BG

Post del 30.09.2012

Ormai è chiaro, siamo in campagna elettorale. In settimana Rete 4 ha mandato in onda in prima serata il primo film della serie di Don Camillo e Peppone, segnale questo inequivocabile che la tenzone elettorale è iniziata. Del resto sempre in settimana, dagli Stati Uniti il Premier Monti rilasciando tre interviste a tre reti televisive diverse, è partito col dire che non si sarebbe candidato per finire col dire che se gli italiani lo chiamassero, non farebbe mancare il suo contributo per il bene del Paese. Non è ancora chiaro in che modo gli italiani dovrebbero arruolarlo. Nei fatti, tipico linguaggio da campagna elettorale.

Ma quale panorama politico si presenta davanti agli occhi di noi italiani?

Nel centro destra il PDL è sempre più in crisi nera e non trova ancora il bandolo della matassa: candidare Berlusconi o non candidare Berlusconi alle prossime elezioni? Posto che sarà Berlusconi a decidere cosa deciderà il PDL. Certo all'ex Premier, che ieri ha compiuto settantasei anni, non sarà piaciuta la discesa in campo finalmente ufficializzata del Presidente della Ferrari, Luca Cordero di Montezemolo che, con la sua Fondazione Italia Futura, cercherà di occupare proprio lo spazio elettorale dei delusi del PDL. Italia Futura poi, sostenendo apertamente il Monti Bis strizza l'occhiolino ai centristi dell'UDC di Casini e a Futuro e Libertà di Fini che si propone con il suo nuovo movimento Mille x l'Italia. Questo è ciò che sta accadendo nel Centro Destra italiano spaventato dall'antipolitica che pervade ormai larghi strati della società civile e che trova nel movimento dei grillini un possibile sbocco elettorale. Non è un caso che Grillo abbia bollato la scelta statunitense di Monti di non escludere un suo nuovo impegno politico come un *rigor montis*. Per ora la Lega Nord rimane estranea a possibili alleanze con gli ex alleati, ma non è escluso un possibile ripensamento di Maroni perché è chiaro che da soli, in elezioni politiche nazionali, la Lega non otterrebbe un gran risultato.

Spostandosi un poco a sinistra, il PD per prima cosa deve masticare e digerire il grosso boccone, che si sta rivelando di sapore agro, delle primarie, che del resto ha ideato, preparato e cucinato da solo. Quindi, una volta che gli italiani avranno chiaro quale leader e quale programma avrà il PD, speriamo che accada presto, si potranno valutare le possibili alleanze.

Che sostanzialmente si possono così sintetizzare: o guardare al centro e fare una coalizione "salva Italia" con Casini, Fini e Montezemolo, tipo quella che ha governato in Germania in questi ultimi anni, con Monti premier oppure guardare a sinistra dove però si trova Di Pietro in disaccordo con la cura Monti che invece il PD ha contribuito a sostenere e dove si trova, ancora più distante politicamente, Vendola con SEL che non vuole neanche sentire parlare di Monti & co.

Mentre tutto questo magma politico ancora bollente si sta muovendo intorno a noi, una domanda mi preme ricordare a tutti gli italiani che tra sei mesi dovranno decidere a quale gruppo politico affidare il futuro dell'Italia: ma con quale legge elettorale andremo a votare?

Perché è chiaro che se le regole del gioco non cambiano, il Parlamento sarà in mano per altri cinque anni a persone scelte e nominate non da noi, ma dai partiti politici e quindi mi risulta difficile credere che un Parlamento così eletto possa affrontare con successo una fase costituente e di vero rinnovamento della società italiana. I tempi tecnici per modificare la legge elettorale ancora ci sono , ma i giorni stanno terminando e l'impressione è che alla fine questa legge faccia comodo ai più, al PDL che l'ha proposta e votata a suo tempo insieme alla Lega e anche al PD che l'aveva bocciata ma che ora forse la sta rivalutando.

Senza una nuova legge elettorale, temo che tutti gli sforzi che i partiti stanno facendo per proporsi con un nuovo abito "pulito" e in ordine per la competizione elettorale siano inutili. E' bene che i nostri politici lo sappiano, questa volta gli italiani non sono disposti a fare sconti a nessuno. Se i nomi dei candidati saranno i soliti noti, vincerà l'antipolitica e l'astensionismo e questo non dobbiamo augurarcelo per nessun motivo.

Ultimo pensierino provocatorio, ma non troppo: e se noi italiani invitassimo a candidarsi Premier in Italia un leader straniero?

Voglio arrivarci viva

Non si può recensire l'esperienza di una vita vissuta e raccontata, soprattutto se questa vita è una vita speciale. Dopo aver letto il libro di Marina Garaventa, *Voglio arrivarci viva*, con sottotitolo "Una vita vissuta pericolosamente", la prima parola che viene in mente è la parola gratitudine, cioè riconoscenza per una persona eccezionale che si è messa a disposizione del lettore con il desiderio di condividere un'esperienza. L'esperienza della propria vita, ricca di gioia e di dolore.

Marina Garaventa, di cui ho appreso l'esistenza solo ora, mea culpa, dopo aver letto il suo scritto, si descrive così: "sono Marina e dal 2002 vivo grazie a un respiratore che uso 24 ore su 24. Io non mi muovo, non parlo, ma grazie al mio pc comunico! Scrivo libri, articoli, mi occupo di sociale, di politica, di musica e di molto altro. Insomma: io vivo!" Non mi sembra occorra aggiungere molto altro.

Marina mi ricorda il mio amico Ugo, che sta benone, come dice lui, a parte la SLA che lo ha colpito giusto tre anni fa. Ugo, che è stato mio testimone di nozze, ha 48 anni, una moglie speciale e due bambini bellissimi di 5 e 3 anni. Ora vive su una carrozzina attaccato al respiratore, con tracheo e sondino per l'alimentazione. Muove solo gli occhi e grazie ad un computer riesce a scrivere selezionando con lo sguardo le lettere e così forma le frasi che un sintetizzatore vocale ripete con voce metallica, la nuova voce di Ugo, che per oltre venti anni ha cantato nel coro della parrocchia con una profonda voce da basso.

Ogni settimana vado a trovarlo e a casa sua incontro sempre amici e persone che vogliono conoscerlo e stare con lui per imparare da lui come affrontare la quotidianità della vita, fatta di pene quotidiane ma anche di tanti miracoli che chiedono di essere riconosciuti. Ugo non molla mai, certo ci sono giorni sì e giorni no, ma Ugo, che è ingegnere e quindi più squadrato di un cubo, è convinto che alla fine una cura per la sua SLA da qualche parte nel mondo si troverà. Non che Ugo sia entusiasta della malattia, questo è chiaro, però vuole vivere sino in fondo la sua situazione, ogni giorno passa ore attaccato al computer (può fare ben poco di diverso) cercando nel web ogni piccola nuova notizia che riguarda la sua malattia, è più informato lui dei medici del centro Nemo di Niguarda che lo hanno in cura! Marina e Ugo sono fatti così, per nostra fortuna! Senza di loro il nostro mondo sarebbe meno colorato.

Solo una cosa voglio dire a Marina, una cosa che ho imparato in questi anni da Ugo e si riferisce al capitolo "gli enigmi sono tre..." del suo libro. Io non so spiegare perché proprio a te Marina è toccata la vita che stai vivendo, come la SLA è toccata a Ugo e non a me per esempio, questo proprio non lo so. Come non so perché esiste il dolore nel mondo, perché bambini appena nati muoiono delle malattie più strane, questo non lo so. Non è giusto, ma non so perché accadono queste cose e altre ancora più tremende. So però che il dolore, la fatica quotidiana, possono essere condivisi e allora, con i tuoi occhi nello sguardo di un altro, l'orizzonte si allarga in un sorriso. Il dolore non è scomparso, però è più umano, cioè più nostro, possiamo forse tentare di comprenderlo, senza pretese. Del resto il nostro Dio ha inviato sulla terra Suo Figlio proprio per questo, condividere il Suo Amore per noi, con noi. Basta, non aggiungo altro, sarebbe di troppo.

E' tempo di chiudere questa "non recensione". L'invito è di leggere (non a sbafo) il libro di Marina! Si legge tutto d'un fiato e farete conoscenza con una persona speciale (per una sera si può rinunciare a NCIS Los Angeles). Un'ultima cosa mi ha colpito di Marina e la voglio raccontare: la sua ironia, caratteristica tipica delle persone intelligenti. E con una frase presa in prestito dal grande miscredente Woody Allen la voglio salutare: "Ci sono cose peggiori della morte. Se hai passato una serata con un assicuratore, sai esattamente di cosa parlo". Buona fortuna!

Marina Garaventa, *Voglio arrivarci viva*, 2012 Tea spa, Milano

Il 25 gennaio 1959 Papa Giovanni XXIII , ispirato dalla Grazia di Dio, da poco eletto, fece al mondo l'annuncio dell'indizione di un nuovo Concilio ecumenico, il primo dopo il Concilio Vaticano I , sospeso nel 1870 e mai formalmente concluso da un Papa. Dopo tre anni di preparazione, l'11 ottobre 1962 a Roma, con una solenne cerimonia tenutasi nella Basilica di S. Pietro in Vaticano, Papa Giovanni XXIII diede ufficialmente inizio al Concilio Vaticano II.

Tutta la Chiesa universale per la prima volta si ritrovò unita in un sol luogo, la Chiesa europea insieme alla Chiesa africana e a quella latino – americana. Vi parteciparono circa 2500 tra cardinali, patriarchi e vescovi di tutto il mondo. La caratteristica pastorale di questo sinodo fu evidente sin da subito. Non vennero proclamati nuovi dogmi, ma si cercò di interpretare i segni dei tempi, quello che l'uomo contemporaneo stava vivendo e come la Chiesa universale potesse farsi presenza viva per quest'uomo.

Il successore di Papa Giovanni, Paolo VI nel corso del suo primo discorso ai padri conciliari indicò i temi principali del Concilio: definire più precisamente il concetto di Chiesa, il rinnovamento della Chiesa, la ricomposizione dell'unità tra tutti i cristiani , il dialogo tra la Chiesa e il mondo contemporaneo.

Il Concilio Vaticano II si chiuse il 7 dicembre 1965. I frutti del lavoro dei padri conciliari furono 4 Costituzioni, 3 Dichiarazioni e 9 Decreti. Per chi fosse interessato ad approfondire la conoscenza dei testi conciliari, il riferimento è http://www.vatican.va/ archive/hist_councils/ ii_vatican_council/index_it.htm

Quello che riteniamo interessante qui evidenziare è come la Chiesa cattolica, unica tra le grandi religioni presenti nel mondo, per Grazia di Dio, abbia intuito in anticipo i cambiamenti in atto nella vita sociale e culturale dell'uomo contemporaneo ed abbia cercato nuove vie, nuove modalità comunicative per non interrompere il dialogo. Il medesimo sforzo e lo stesso desiderio comunicativo non sembrano essere stati compiuti in questi decenni dalle altre religioni, tanto che oggi i cristiani, nel mondo, sono oggetto di attacchi anche violenti e sanguinari, da parte soprattutto di estremisti islamici che sono rimasti fermi ai secoli bui delle lotte di religione e non hanno percepito le novità introdotte dal Concilio Vaticano II. Gli stessi incontri e gesti di apertura e amicizia compiuti in questi ultimi venti anni dai successori di Paolo VI, verso ebrei e musulmani, sono il frutto dei nuovi tempi post conciliari.

L'11 ottobre 2012, a cinquant'anni dall'apertura del Concilio Vaticano II, si aprirà l'anno della Fede, indetto da Papa Benedetto XVI l'11 ottobre 2011. Perché l'anno della Fede? Nella Lettera apostolica del Papa, Porta Fidei con la quale si indice l'anno della Fede si legge, tra l'altro: "La fede, infatti, si trova ad essere sottoposta più che nel passato a una serie di interrogativi che provengono da una mutata mentalità che, particolarmente oggi, riduce l'ambito delle certezze razionali a quello delle conquiste scientifiche e tecnologiche. La Chiesa tuttavia non ha mai avuto timore di mostrare come tra fede e autentica scienza non vi possa essere alcun conflitto perché ambedue, anche se per vie diverse, tendono alla verità". Come si vede, i frutti del Concilio Vaticano II sono ben vivi e presenti nella Chiesa come nella società contemporanea.

Cos'è la fede per un cristiano? Scrive il Beato Luigi Giussani nel suo libro *Si può vivere così* : "la prima caratteristica della fede cristiana è che parte da un fatto, un fatto che ha la forma di un incontro... La seconda caratteristica è l'eccezionalità del fatto... La terza caratteristica è lo stupore: ma lo stupore è sempre una domanda, almeno segreta... Il quarto fattore è che la fede incomincia esattamente con questa domanda: Chi è costui?. Ultimo punto: la risposta"

All'uomo contemporaneo la libertà di trovare la risposta più adeguata, quindi più umana, al suo desiderio di felicità.

I recenti scandali che hanno riguardato la gestione del denaro pubblico affidato a consiglieri e assessori regionali riportano in auge il tema dell'impianto federalista dell'Italia. In questi ultimi venti anni le regioni hanno via via acquisito un peso maggiore nella gestione di alcuni grandi capitoli di spesa, tra tutti il più importante riguarda la sanità, con alterne fortune. A fronte di regioni c.d. virtuose, ve ne sono state altre meno virtuose o colpevolmente disastrose. I casi di mala sanità pubblica e di sprechi sono sotto gli occhi di tutti e non è il caso qui di ricordarli. E non ci interessa porre l'accento sul differenziale nord sud, perché anche in meridione vi sono strutture pubbliche che funzionano bene ed erogano servizi di qualità e a costi comparabili con il nord Italia. La vera domanda è un' altra: ma con una gestione centralista, unica, proveniente da super ministeri romani, siamo sicuri che le cose andrebbero meglio, che ci sarebbero meno sprechi, meno disservizi, maggiore qualità dei servizi a costi inferiori?

Personalmente nutro dei dubbi.

In Germania il sistema federale è applicato come e forse più che in Italia e il risultato è una qualità della vita molto soddisfacente per il cittadino che si vede erogati servizi pubblici funzionanti a costi sostenibili. Dov'è la differenza? La differenza è nella classifica stilata ogni anno dal 1993 dalla organizzazione non governativa *Transparency International* che analizza e studia i livelli di corruzione nel mondo. Ebbene nel 2011 (ultimo anno analizzato) il livello di corruzione "percepita" (subita) dai cittadini tedeschi pone la Germania al 14° posto in classifica alla pari con il Giappone davanti a Regno Unito, Stati Uniti e Francia tanto per citare altre Nazioni G8, mentre vede l'Italia al 69° posto a pari merito con Ghana, Macedonia e Samoa. Le prime tre Nazioni "non corrotte" al mondo? Nuova Zelanda, Danimarca e Finlandia. Per chi fosse interessato ad approfondire l'argomento, di seguito il link al sito della organizzazione: http://www.transparency.org/

Il vero problema dell'Italia non è quindi l'impostazione dello Stato che vogliamo dare al nostro Paese, centralista o federalista, il vero problema è di ordine etico e morale. L'etica deve riguardare i comportamenti pubblici degli amministratori della cosa pubblica, a qualsiasi livello essi operino. La morale personale dovrebbe far sì che una persona che gestisce denaro pubblico ritenga giusto dimettersi dall'incarico prima che sia la legge stessa ad imporlo, qualora sia indagata dalla magistratura per ipotesi di reato riguardanti l'ufficio pubblico che ricopre, ancorché in attesa di una sentenza emessa da un Tribunale in nome del popolo italiano. Ora qui si aprirebbe tutto il grande tema della lentezza del nostro "modello giustizia", sicuramente fondamentale, ma non è il momento per approfondirlo.

In questo senso la legge "anti corruzione" in discussione in Parlamento è senz'altro necessaria e ben accetta, ma da sola non riuscirà a debellare il fenomeno se non verrà accompagnata da un cambiamento che deve essere culturale, sociale, personale. Per questo ritengo fondamentale partire dalle scuole, dai giovani per educarli a vedere l'impegno nella politica, nel sociale, nella comunità come il massimo servizio che una persona possa offrire al proprio Paese e non, come molto spesso accade oggi, come un modo e una strada facile e veloce per raggiungere posizioni di privilegio, di potere e di arricchimento personale. Da questo punto di vista, le tanto bistrattate ore di religione e di educazione civica offrono sicuramente uno spazio temporale che in classe può aiutare i ragazzi a confrontarsi con proposte e contenuti positivi. Del resto occorre insegnare ai giovani le regole di comportamento di una moderna e civile Nazione, ma anche motivare il perché è giusto o sbagliato un certo comportamento o un certo stile di vita. Senza un punto di fuga verso valori cui fare riferimento nell'agire politico, il quadro generale risulta sfuocato e prevale l'istintività (personale o del proprio gruppo - partito) e il soddisfacimento del solo interesse particolare a scapito di quello pubblico.

Indro Montanelli scrisse che la corruzione comincia con un piatto di pasta. Forse è il caso di incominciare a pensare ad una dieta...

Dire che la situazione politica italiana sia confusa è un eufemismo. Nel centro destra, Berlusconi silente, parlano gli attori non protagonisti, ma il problema è che ciascun gregario propone scelte e strategie opposte a quelle del collega di partito. Chi vuole riagganciare con la Lega di Maroni, chi non vuole neanche sentirne parlare. Due grandi regioni, Lazio e Lombardia, governate dal PDL, in piena crisi di nervi con i Governatori che si muovono su binari opposti: quello laziale attende nel fissare la data delle nuove elezioni, quello lombardo vorrebbe votare domani.

Nel centro sinistra situazioni di delirio politico analoghe, degne di nota solo come spunto per le battute ai comici di turno che di questi tempi non fanno fatica a scrivere il copione. All'interno del PD le primarie stanno riuscendo a spaccare nuovamente il partito, ma questa volta per fasce di età, non per ragioni ideali. Se le primarie le vince Bersani, D'Alema non si candida alle elezioni politiche, se vince Renzi cosa fa D'Alema? Combatte sino alla morte! Veltroni invece rinuncia di suo, tanto sa benissimo che nessuno l'avrebbe cercato per offrirgli un seggio in Parlamento, ma il prossimo maggio si elegge il nuovo Presidente della Repubblica e ci sono i nuovi senatori a vita che il nuovo Presidente potrebbe nominare...

Il "centro centro" ormai offre solo posti in piedi: Casini, Fini, Montezemolo, Tremonti, Della Valle. E' uscito Rutelli che si è spostato a sinistra dove però trova Di Pietro e Vendola che sono forse gli unici veri oppositori di questo governo tecnico che ha compiuto più azioni politiche degli ultimi governi politici che tecnicamente cercavano, senza riuscirci, di evitare agli italiani l'ultimo anno che invece ci è toccato di vivere. In mezzo al guado il Grillo che ha smesso di saltare (adesso nuota) e che raccoglie intorno a sé ancora molti consensi, ma sembra che gli italiani stiano incominciando a nutrire qualche dubbio se sia il caso di affidare a persone senza esperienza alcuna di gestione della res publica un bene pubblico che sia più "importante" di Parma.

Se questo è lo scenario, tra pochi mesi per chi gli italiani dovrebbero andare a votare? Tra l'altro per ora una nuova legge elettorale non è stata ancora approvata dal Parlamento, quindi si andrebbe ancora a votare con i candidati scelti dalle segreterie dei partiti (senza considerare che ci sono partiti che non hanno neanche la segreteria, ma forse solo una segretaria).

E i programmi? Qualcuno sente parlare seriamente di programmi?

Purtroppo il vero problema che ha l'Italia e che dovrà per forza essere affrontato e speriamo risolto nella prossima legislatura è l'abbattimento del debito pubblico, quei 2000 miliardi di euro che rendono vana ogni manovra finanziaria o di stabilità. Sono 80 - 90 miliardi di euro all'anno di interessi che paghiamo che ci impediscono di uscire dalla spirale recessiva. Questo è il vero tema che i partiti che si candidano a governare l'Italia devono studiare e devono spiegarci come intendono risolvere. Il resto sono solo chiacchiere. E gli italiani temo che si siano stancati di chiacchiere. Se non ci sarà chiarezza sui temi economici, su questo tema economico la cui soluzione renderà poi veramente possibile parlare di rilancio dell'economia, del lavoro e di tutto il resto, a votare gli italiani non andranno. L'astensionismo è il vero nemico che i partiti politici devono temere, non il Grillo natante.

Ci servirebbero dei politici nuovi che abbiano idee nuove per affrontare i tempi nuovi che stiamo vivendo. La recessione può essere da stimolo per sviluppare nuove idee, nuovi pensieri, concepire soluzioni nuove a problemi vecchi. Per esempio i leghisti in Lombardia sostengono che votare subito per le regionali costerebbe 50 milioni di euro che potrebbero essere risparmiati se si votasse in primavera insieme alle politiche. A parte il fatto che nessuno può sapere cosa costerebbero sei mesi di campagna elettorale alla Lombardia, ma chi ha detto che i componenti dei seggi elettorali debbano essere pagati in contanti?

Chi ha detto che non si possa risparmiare evitando di stampare tutta quella carta e tutti quei registri (chi è stato membro di un seggio elettorale sa di cosa parlo) che poi nessuno va a leggere e a guardare? Si potrebbe ridurre la burocrazia di un seggio elettorale e le persone che lavorano per due giorni al seggio potrebbero ricevere un voucher da spendere entro 12 mesi per servizi resi dalla pubblica amministrazione. Per esempio potrebbero essere spesi in Posta, presso le ASL o per pagare multe o ammende o inventarsi altre soluzioni. Lo Stato (in senso lato) eviterebbe così uscite di cassa immediate e le spalmerebbe su dodici mesi, senza contare che qualcuno il voucher potrebbe anche perderlo... (ops, non volevo scriverlo)

Personalmente ritengo negativa l'esperienza politica vissuta dagli italiani negli ultimi venti anni. Tutti i Governi che si sono succeduti, di centro destra come di centro sinistra, non sono stati in grado di realizzare quelle riforme che sarebbero state necessarie per far progredire il Paese. E la prova è la situazione attuale che stiamo vivendo. E' vero che la crisi è generale, ma l'Italia la sta affrontando con più difficoltà degli altri Paesi europei comparabili sul piano economico (Germania, Francia, Inghilterra).

E allora ascoltare ieri pomeriggio in diretta televisiva il comizio elettorale (fuori tempo massimo a dire il vero in quanto oggi si vota in Sicilia) dell'ex Presidente del Consiglio Berlusconi sull'Italia che vorrebbe, mi ha suggerito alcune riflessioni.

La prima riflessione è la conferma che abbiamo perso letteralmente venti anni. In Italia non siamo riusciti a portare avanti nessuna vera riforma del Paese. I mali della giustizia che stanno tanto a cuore a Berlusconi è innegabile che esistono: processi troppo lunghi nei tempi, una corporazione, quella dei magistrati, che svolge sicuramente un lavoro impegnativo, ma che sembra godere del privilegio di poter sbagliare senza pagare pegno (cito solo un nome: Enzo Tortora). La riforma del mercato del lavoro, che ha dato buoni risultati in Germania e in Francia, da noi ha prodotto per i giovani solo occupazione temporanea rinnovata sine die. La riforma della scuola, parte fondamentale per una vera riforma generale del Paese, non è stata capace sino ad ora di rimettere in gioco positivamente il mondo degli insegnanti (che non si sentono valorizzati nel loro ruolo sociale). Ho toccato tre temi esemplificativi, ma si potrebbe continuare perché, al di là delle quaranta riforme portate avanti dai Governi Berlusconi ricordate ieri dall'ex Premier (senza però elencarle) , l'unica riforma attuata in Italia e citata è stata quella dell'Alta Velocità. A questo proposito si potrebbe discutere se valeva la pena spendere i miliardi di euro investiti nell'alta velocità (oppure quelli già spesi per i progetti sul ponte dello stretto di Messina) per arrivare a Roma da Milano un'ora prima (quando poi si perdono ore nel traffico cittadino) al posto di investire quei fondi per esempio, nella cura del nostro territorio che è stato completamente abbandonato in questi ultimi decenni perché i comuni non hanno fondi per la manutenzione di strade, letti dei fiumi, messa in sicurezza delle colline, delle coste ecc.

La seconda riflessione è che non solo la classe politica italiana negli ultimi venti anni non si è rivelata all'altezza dei compiti che l'attendevano, ma anche la classe imprenditoriale non è stata capace di far fare alla Nazione quel salto in avanti necessario per continuare a crescere. Personalità come Giovanni Agnelli, Adriano Olivetti, Enrico Mattei, Leopoldo Pirelli per citare solo alcuni imprenditori, al di là del giudizio personale che ciascuno può avere, avevano una visione imprenditoriale e l'hanno perseguita, da imprenditori, portando benefici all'intero Paese. Purtroppo, questi personaggi non hanno avuto dei degni successori e l'unico imprenditore che forse si poteva inserire in questo elenco, Berlusconi, ha scelto di occupare un campo, quello politico, che non gli competeva. Infatti in nessun Paese civile un imprenditore proprietario del maggior network televisivo privato con l'aggiunta di giornali e partecipazioni in banche e assicurazioni avrebbe potuto sommare su di sé anche il potere politico derivante dalla carica di Primo Ministro. E tutto ciò per anni.

Questa forse è stata l'anomalia più straordinaria che il sistema Italia ha dovuto sopportare in questi ultimi venti anni. Eliminarla a suo tempo avrebbe sbloccato uno stallo politico che forse è all'origine di tante riforme mancate. Ci si è divisi tra sostenitori e contrari a Berlusconi e quasi tutte le leggi che si proponevano in Parlamento venivano viste dai rispettivi schieramenti politici in quest'ottica e quindi promosse o bocciate di conseguenza, non per un vero giudizio di valore che questi provvedimenti potevano portare in sè.

La crisi attuale che stiamo vivendo è sì crisi economica, ma è anche crisi di fiducia. Occorre una seria riflessione da parte di tutti e rivedere le nostre idee e le nostre opinioni e forse rendersi conto che alcuni modelli di sviluppo, di pubblicità, di falso benessere che ci sono stati proposti in questi anni in realtà non portano da nessuna parte.

Scriveva Albert Einstein nel 1931 nel *Mein Wetbild*: " Non pretendiamo che le cose cambino se continuiamo a fare le stesse cose. La crisi può essere una grande benedizione per le persone e le Nazioni perché la crisi porta progressi."

Dalle colonne di libri presenti in camera da letto, appoggiati per terra, su su fino al comodino, ha fatto capolino qualche giorno fa il libro di "appunti" di Don Giussani, *Il rischio educativo*. E' la riedizione del 2005 dell'opera pubblicata per la prima volta nel maggio 1977. L'ho riletto. E' un libro di un centinaio di pagine, si legge in un paio di ore. Sembra scritto oggi, per i giovani di oggi, per il nostro tempo.

Dall'introduzione: "L'idea fondamentale di una educazione rivolta ai giovani è il fatto che attraverso di essi si ricostruisce una società; perciò il grande problema della società è innanzitutto educare i giovani (il contrario di quel che avviene adesso)."

Ma che cosa intendiamo con il termine educazione? Io credo che l'educazione consista nel fornire un criterio di giudizio adeguato per comprendere la realtà, a partire da quel preciso metro quadro di terra dove il buon Dio ci ha fatto nascere. Da questo punto di vista la cultura del paese di origine è fondamentale per incominciare il cammino. E' con essa che il giovane deve rapportarsi e per così dire fare i conti con la realtà che lo circonda e lo interroga. Cultura infatti è concepire le cose , la realtà secondo un ideale. Don Giussani parte dall'esperienza cristiana per proporre un modello di vita, un ideale che risponda alle domande di verità, di bellezza, di felicità presenti nel cuore di ogni giovane.

Per quale fine siamo su questa terra?

A questa domanda Don Giussani nel libro risponde proponendo l'incontro con l'altro come origine per poter sperimentare e vivere l'incontro con Cristo. Da questo punto di vista l'educatore ha un compito fondamentale nel presentare al giovane questa possibilità. Scrive Don Giussani: "occorre suscitare nell'adolescente personale impegno con la propria origine; occorre che l'offerta tradizionale sia verificata; e ciò può essere fatto solo dall'iniziativa del ragazzo e da nessun altro per lui".

In questi tempi, dove la parola crisi abbonda sulla bocca dei più e dove essere giovani è forse ancora più difficile che in passato, rileggere quest'opera di un grande educatore di giovani aiuta noi adulti a rimetterci sul giusto binario. Penso soprattutto agli educatori, agli insegnanti, ma anche a noi genitori. Quotidianamente ci troviamo davanti i volti dei nostri ragazzi che ci chiedono un aiuto per comprendere da dove iniziare il loro personale viaggio su questa terra. Rileggere *Il rischio educativo*, o leggerlo per la prima volta, può aiutarci nel nostro lavoro di insegnanti, nella nostra vocazione di genitori.

Non è mai troppo tardi per iniziare il cammino, certo rischioso , di educare un giovane ad amare il prossimo suo, come se stesso.

Luigi Giussani, *Il rischio educativo*, Rizzoli – Milano

Sommario

Appunti